JN275335

Masakan Lezat Indonesia

おいしいインドネシア料理
家庭で作る本格レシピ50選

Enomoto Naoko
榎本直子

Murakami Yuri
村上百合

めこん

はじめに

　ナシ・ゴレンやサテなど一部の料理を除き、インドネシア料理は日本でまだまだ知られていないのが現状です。でも、スパイスやハーブをたっぷり効かせて作るインドネシア料理はとても味わい豊かでおいしいもの。一度口にすれば虜になる人も大勢います。

　本書では、インドネシアに暮らす約2億1000万人が愛してやまない日常食や各地の名物料理などを幅広くご紹介。また、本場の味を忠実に再現する本格レシピ50点も収録しました。初心者向けの詳しい手引きもありますので、ぜひご自宅でインドネシア料理作りに挑戦してみてください。

　なお、本書執筆にあたり、インドネシア人・日本人を問わず多数の方々にお世話になりました。皆様からのあたたかなアドバイスが、この本作りの大切なスパイスになったことは間違いありません。心からの Terima kasih を申し上げます。

2007年夏
榎本直子、村上百合

「おいしいインドネシア料理　家庭で作る本格レシピ50選」目次

はじめに 3
インドネシア全土地図 6

第1章　インドネシア料理の基礎知識 7
- まずは知りたい定番料理 8
- インドネシア各地の名物料理 20
- 知っておくと便利な料理用語集 30
- グルメ旅のアルバム① 活気あふれるパサールへようこそ 32
- グルメ旅のアルバム② 色鮮やかな熱帯野菜 36
- グルメ旅のアルバム③ 雨期はフルーツ天国 38
- グルメ旅のアルバム④ インドネシアン・スイーツの誘惑 40
- グルメ旅のアルバム⑤ ひんやり冷たいドリンク&デザート 42
- グルメ旅のアルバム⑥ サクサク楽しむクルプック&クリピック 43
- 在日インドネシア人が語る「思い出の料理」 44

第2章　インドネシア料理を日本で作ろう 49
- マスターしたい基本作業 50
- 味の決め手となるハーブ、スパイス、調味料 52
- アドバイスQ&A 57
- インドネシア食材の入手方法 58
- 石臼の入手方法 60
- 「家庭で作る本格レシピ50選」一覧 61
- インドネシア料理教室「Selera Klub」 70
- 家庭で作る本格レシピ50選 71
  - ① マドゥラの鶏のあぶり焼き　Ayam Bakar Madura
  - ② バンドゥンの鶏の唐揚げ　Ayam Goreng Bandung
  - ③ スパイシーローストチキン　Ayam Panggang
  - ④ 鶏のココナッツミルク煮ターメリック風味　Gulai Ayam
  - ⑤ 鶏肉と鶏モツのペペス　Pepes Ayam
  - ⑥ マドゥラのサテ　Sate Madura
  - ⑦ 鶏肉のサテ　Sate Tambulinas
  - ⑧ 牛肉と野菜の酸味煮込み　Asem-asem
  - ⑨ 牛肉とじゃがいものカレー　Kare Daging Sapi
  - ⑩ マルタバッ　Martabak
  - ⑪ バリの挽き肉サテ　Sate Be Sampi
  - ⑫ 海老のかき揚げ　Bakwan Udang
  - ⑬ じゃこのかき揚げ　Bakwan Teri

⑭ バリのスパイシー揚げ魚　Ikan Bumbu Bali
⑮ 揚げ魚のリチャ・リチャソースかけ　Ikan Rica-rica
⑯ ヒイカと新じゃがのカレー　Kari Cumi Zamrut
⑰ 魚のペペス　Pepes Ikan
⑱ 魚のペスモールソース煮　Pesmol Ikan
⑲ 海老の酸味スープ煮　Udang Asam Pedas
⑳ ターメリック風味のアチャール　Acar Kuning
㉑ 空芯菜炒め　Cah Kangkung
㉒ ガド・ガド（茹で野菜のピーナッツソース和え）　Gado-gado
㉓ 空芯菜のスパイス炒め　Kangkung Si Mana Lagi
㉔ じゃこ・ピーナッツ・ポテトの煎り煮　Kentang Kering Asam Manis
㉕ なすとにがうりの卵炒め　Ihutilinanga
㉖ じゃがいものプルクデル　Perkedel Kentang
㉗ いんげんと砂肝の炒め煮　Sambal Goreng Buncis
㉘ にがうりのココナッツミルク煮　Rendang Pare
㉙ 卵のココナッツミルク煮　Rendang Telur
㉚ 豆腐入り卵焼き　Tahu Telur
㉛ 揚げ卵のバラドソース煮　Telur Balado
㉜ 揚げ豆腐　Tahu Gejrot
㉝ 豆腐の肉詰めサンバル添え　Tahu Isi
㉞ 揚げテンペ　Tempe Goreng
㉟ テンペのじゃこサンバル炒め　Sambal Goreng Tempe
㊱ マカッサルのソト　Coto Makassar
㊲ タマリンド入り野菜スープ　Sayur Asam
㊳ バラ肉とハヤトウリの煮込み　Sayur Labu Segar
㊴ 鶏肉のソト　Soto Ayam
㊵ チキンカレースープ　Sup Kare Ayam
㊶ ジャワのミー・ゴレン　Mie Goreng Jawa
㊷ ナシ・ゴレン・スペシャル　Nasi goreng Istimewa
㊸ サンバル・バジャック　Sambal Bajak
㊹ サンバル・トゥラシ　Sambal Terasi
㊺ 枝豆サンバル　Sambal Kedelai Muda
㊻ トマトジュース　Es Sari Buah Tomat
㊼ アボカドジュース　Jus Adpokat
㊽ クルポン　Klepon
㊾ さつまいものココナッツ汁粉　Kolak Ubi
㊿ 揚げバナナ　Pisang Goreng

制作者プロフィール 168

※インドネシア語表記について
1. 本書のインドネシア語表記は原則として標準語を採用しています。
   地方によって単語・綴りが異なることもあります。
2. インドネシア語の語尾の閉鎖音ははっきり発音しない場合も多くありますが、
   本書ではカタカナにする場合に分かりやすさを優先して語尾を表記したケースが多数あります。
   例）Ketupat クトゥパット（実際の発音は「クトゥパッ」に近い）
3. レシピの日本語料理名はインドネシア料理名を必ずしも直訳せず、分かりやすさを優先しました。

この本はレシピを使いやすいように開きの良い製本になっています。

インドネシア全図
INDONESIA

太平洋
パプア
アラフラ海
ハルマヘラ島
マルク諸島
テルナテ
アンボン
バンダ海
東ティモール
ティモール島
マナド
セレベス海
スラウェシ島
マカッサル
フローレス海
フローレス島
スンバ島
ヌサ・トゥンガラ諸島
ブルネイ
マレーシア
カリマンタン島
バンジャルマシン
ロンボク島
バリ島
ポンティアナック
ジャワ海
マドゥラ島
ソロ
ジョグジャカルタ
南シナ海
スマラン
チレボン
シンガポール
ジャカルタ
バンドン
ジャワ島
マレーシア
パレンバン
スマトラ島
パダン
プキッティンギ
トバ湖
メダン
バンダ・アチェ
インド洋

6

第1章
インドネシア料理の基礎知識

日本の約5倍の国土に約2億1000万の人々が暮らすインドネシア。熱帯の自然と現地の人たちの創造力によって育まれたバラエティ豊かな料理をご紹介します。料理や食材の写真も盛りだくさんで、気軽にグルメ旅気分が味わえます。

まずは知りたい定番料理
広い地域で食べられているポピュラーな
インドネシア料理がずらりと勢ぞろい！

■主食　ごはんがなくては始まらない！

　インドネシア人は白いごはんが大好き。米をたっぷりの水で煮てからザルに空け、そのまま蓋をして蒸し上げるのが伝統的な炊き方だが、今日では電気炊飯器を利用する人も増えている。食事の時には平皿やバナナの葉などにごはんをたっぷり載せ、右手やフォーク＆スプーンでおかずと混ぜながら食べるのが基本スタイル。

　ごはんをメインにした料理の代表格はインドネシア版の焼き飯であるナシ・ゴレン(Nasi Goreng)。目玉焼きがついているものはナシ・ゴレン・イスティメワ(Nasi Goreng Istimewa㊷)と呼ばれる。最近では日本でもよくお目にかかる料理だが、残念ながら本場のように多種類の香辛料を使ったものは少ない。インドネシア料理好きなら一度は本格的な味わいのナシ・ゴレンに挑戦したいところ。また、あっさりした米料理なら何と言ってもブブール(Bubur おかゆ)。朝食に食べることが多く、鶏肉の入ったブブール・アヤム(Bubur Ayam)などは暑さに疲れた胃を休めるのにぴったり。

華やかなご馳走ナシ・トゥンパン

　誕生日などおめでたい席に欠かせないのがインドネシア版お赤飯とも言えるナシ・クニン(Nasi Kuning)。ターメリックなどで風味づけをしているため美しい黄色なのが特徴。円錐形に盛り上げたナシ・クニンの周りに各種のおかずを豪華に並べたものはトゥンパン(Tumpeng)と呼ばれるセレモニー用のご馳走で、見ているだけでも心が浮き立つ華やかさだ。また、イスラムの断食明けのお祭り「レバ

ちまきのようなクトゥパット

ラン」の象徴ともなっているのが、ヤシの葉で編んだ包みにごはんを入れて蒸したクトゥパット(Ketupat)。ちまきのように固まっているので、小さく切り分けてからルンダンやグライなどの煮込み料理をかけて食べることが多い。他にも、レモングラスやパンダンの葉を入れてココナッツミルクで香り高く炊き上げたナシ・グリィ(Nasi Gurih)など様々なタイプのごはんがある。

現在インドネシアで食べられている米はジャバニカ種(幅広で粘り気のある、あっさりした味の品種)やインディカ種(細長くて粘り気の少ない品種)だが、最近では日本米と同じジャポニカ種の生産も行なわれるように。ブブール・ライスワイン・デザートなどに使われる赤米や黒米も産出される。また、ジャワ島など稲作に適した環境の地域では二期作・三期作が当たり前に行なわれている。

なお、降雨量が少ない、土地が痩せているなどの理由で稲作が進んでいない地方では、サゴ椰子から抽出した澱粉、さつまいもやキャッサバなどのいも類、とうもろこしなど米以外のものを主食にしている人たちもいる。

様々な種類の米を量り売り

■肉　地方によっては水牛など珍しい肉にも出会える

インドネシア人がよく食べる肉は鶏・牛・山羊など。人口の9割近くを占めるイスラム教徒たちは豚肉を食べないが、バリ島のように他宗教の教徒が多い地域では豚肉も好まれている。また、水牛・アヒル・ウサギ・海亀など珍しい肉を食用にする地域もある。それから腸・胃・ハツなどのモツ(内臓)料理をよく食べるのも大きな特徴。日本人は食べ慣れない人も多いのでひょっとしたら身構えてしまうかもしれないが、いずれも香辛料やハーブをたっぷり使って調理するため臭みが消えて意外と食べやすい。それぞれおもしろい食感と深い味わいが楽しめるので気軽な気持ちでトライしてみよう。

肉料理は焼く・煮込む・揚げるが定番だが、なかにはスンダ地方の調理法ペペス(Pepes 様々な具をバナ

見た目は「！」だけど旨い牛モツ煮

ナの葉に包んだ蒸し焼き。ペペス・アヤム⑤)などユニークなものも。また、肉やモツをスープの具にすることもよくある。

「焼いた肉」の中で日本人に最もよく知られているのがサテ(Satai／Sate)。ちょうど日本の焼き鳥のような串焼き料理だが、生焼けを防ぐためにひとつひとつの肉が小さめなのが特徴。また、バリのように挽き肉を使ったつくね風のサテを食べる地域もあり、ソースの味も地方ごとに異なる(本書ではマドゥラ⑥、スラウェシ⑦、バリ⑪の3種類のサテを紹介)。その他、大ぶりの鶏モモ肉などをこんがりと焼き上げるアヤム・バカール(Ayam Bakar ①)やアヤム・パンガン(Ayam Panggang ③)もある。

山羊サテの香ばしい匂いに食欲がそそられる

「煮込み肉」を代表する料理と言えばルンダン(Rendang)とグライ(Gulai グレーとも)。牛肉をココナッツミルクと香辛料で水分がなくなるまで煮込んだルンダン・サピ(Rendang Sapi)は辛く奥深い味わいのパダン料理の花形だが、この料理は10時間近くの煮込みを要する耐久メニュー！ そのため今回はあえてレシピから外した。もうひとつのグライもパダン料理で、こちらはターメリックで風味をつけたココナッツミルク煮。日本のカレーのような感じでなじみやすい。その他、アセム・アセム(Asem-asem 牛肉と野菜の酸味煮込み⑧)やカレー・ダギン・サピ(Kare Daging Sapi 牛肉とじゃがいものカレー⑨)のように肉と野菜といっしょに煮込む料理も多い。

「揚げた肉」としてポピュラーなのがアヤム・ゴレン(Ayam Goreng)。香辛料などで煮込んで下味をつけてから揚げるため、日本の唐揚げよりも味がしっかりしており、地方により様々な味わいが楽し

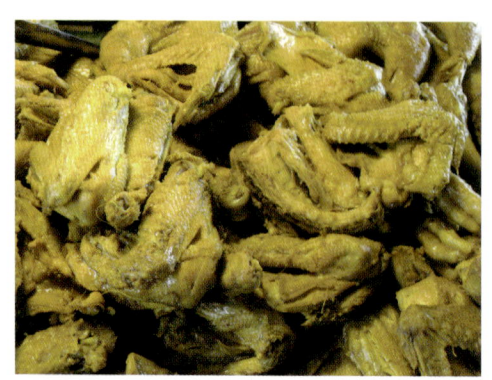

注文が来てから揚げる下味つきの鶏肉

める（バンドゥンの鶏の唐揚げ②）。

■魚介類　ナマズなどのあっさりした淡水魚も人気

インドネシアでは魚・イカ・海老・貝などのシーフードもよく食べられており、沿海地方ではおかずが毎日魚という家庭もある。また、ナマズ（Ikan Lele）やテラピア（Ikan Nira／Mujahir／Gurame）などの淡水魚も人気で、海水魚は「磯くさい」と敬遠する人も。日本人は淡水魚を「泥くさい」と言う人がいるのでちょうど逆である。ただし、料理名では魚は「イカン（Ikan）」としてまとめて表記されることが多く、個々の種類に対するこだわりは日本より弱いように感じる。また、冷蔵庫なしでも保存できるように干物や燻製もよく売られている。

淡水魚の王様・グラメ（テラピアの一種）

魚の調理法は、サンバルを塗りつけながら焼く、煮る、揚げた後に香辛料ソースをかけるなど。いずれも火はじっくりと通す。その他、地方によってはバナナの葉に包んで蒸し焼きにするペペス・イカン（Pepes Ikan⑰）や、揚げた魚に香辛料とハーブのソースをからめるペスモール・イカン（Pesmol Ikan⑱）などの料理がある。

イカや海老は煮る、炒めるなどして食べられる。カリー・チュミ・ザムルット（Kari Cumi Zamrut ヒイカと新じゃがのカレー⑯）のように野菜とともに煮込んだものも多い。また、シジミ（Remis）などの貝類はスープに入れたり、サンバルで炒めて手軽なおやつにしたりして食べる。

サンバルで炒めたシジミはおやつにも

■野菜　現地の人気ナンバーワンは空芯菜

インドネシアのほとんどの地域ではトマトやきゅうりなどの付け合わせを除いて生野菜はめったに口にせず、炒める、煮るなど火を通してから食べるのが普通だ。

空芯菜は安くておいしい人気野菜

ただし、高原地帯で水がきれいなスンダ地方の人々は、キャベツやいんげん他、様々な生野菜にサンバルをつけながらバリバリと食べることで知られている。

野菜の種類は玉ねぎ・にんじん・いんげん・じゃがいも・なす・もやし・とうもろこし・キャベツ・トマト・カリフラワーなど日本でもおなじみのものの他、三尺ササゲ(Kacang Panjang いんげんに似た豆で、サヤの長さが30cmほどもある)やキャッサバ(Singkong 葉・芋ともに食用となる)、そして香辛料として使われるにんにく(Bawang Putih)やバワン・メラ(Bawang Merah 小さな赤ワケギ)などもポピュラーな野菜として売られている。また、珍しい豆類にジェンコル(Jengkol)やプテ(Petai／Pete)がある。どちらも独特の匂いと風味が特徴で、日本のそら豆のように食べ慣れるとハマる人も多い。

インドネシア人になじみ深い野菜といえば空芯菜。チャ・カンクン(Cah Kangkung 空芯菜炒め㉑)やカンクン・シ・マナ・ラギ(Kangkung Si Mana Lagi 空芯菜のスパイス炒め㉓)などは彼らが大好きな料理。空芯菜は中国やタイなどアジア各国で食べられている野菜で、最近は日本のスーパーでも販売されている。

ガド・ガド(Gado-gado ㉒)やプチェル・サユール(Pecel Sayur)も定番の野菜料理。いんげん・キャベツ・にんじんなど多種類の温野菜と揚げ豆腐を

ジェンコルはサンバル炒めなどで

ピーナッツソースで和えたもので、なかなか食べ応えがある。中華料理から発祥したあっさり味のチャプ・チャイ(Cap Cay 五目野菜炒め)と並び、野菜不足を補うのにうってつけの料理だ。

その他、じゃがいもを使ったプルクデル・クンタン(Perkedel Kentang じゃがいものプルクデル㉖)やクンタン・クリン・アッサム・マニス(Kentang Kering Asam

八宝菜のようなあっさり味のチャプ・チャイ

Manis じゃこ・ピーナッツ・ポテトの煎り煮㉔) も人気のおかずで、クセがなく日本人にも食べやすい。また、健康食材として注目を浴びているにがうり (ゴーヤー) を使ったルンダン・パレ (Rendang Pare にがうりのココナッツミルク煮㉘) なども南国らしい味わいが楽しめる。

■タフ　インドネシア版「豆腐」はちょっぴり酸っぱい

中国生まれの豆腐がインドネシアにも伝わり、「タフ (Tahu)」と呼ばれて人々に愛されるようになった。日本で食べる豆腐より少々固めで、かすかな酸味があるのが特徴。白いタフがポピュラーだが、殺菌・保存のためターメリックで色づけした黄色のものなど様々な種類がある。日本の冷やっこのように生で食べることはなく、揚げたり炒めたりしてから食べるのが普通。揚げたタフにピーナッツソースなどをかけて食べるタフ・ゴレン (Tahu Goreng) はちょうど厚揚げのような感じでおやつやおつまみにもよい。

汗をかきながらのタフ作り！

タフを使った料理はとくにジャワに多く、タフ・グジロット (Tahu Gejrot 甘辛いソースをかけた揚げ豆腐㉜) やタフ・イシ (Tahu Isi 豆腐の肉詰め㉝) などが有名。

■テンペ　安価でプロテイン豊富な大豆の発酵食品

テンペ (Tempe) とはやわらかく煮た大豆をつぶして酢などを加えた後にテンペ菌で発酵させた食品で、納豆と製法が似ていることから「インドネシア版納豆」と呼ばれることもあるが、糸を引くことはなく、味もあまり似ていない。むしろ大豆の味がかなり強く残っており、深いコクがあることからカシューナッツやカマンベールチーズに喩える人もいるほどだ。

バナナの葉に包まれたテンペ

テンペは日本でも健康食品として注目を浴びており、スーパーでもよく見かけるようになったが、日本製テンペの多くは残念ながら本場のものとは味わいが違う。インドネシア製テンペをアジア食材店やネット通販で手に入れてぜひ本場の味に触れてみよう。

生で食べることはなく、揚げる・炒めるなどして火を入れるのが普通。最も気軽にテンペを味わえるのが、からっと揚げたテンペ・ゴレン（Tempe Goreng ㉞）。副菜として青菜などとともにごはんに添えられていることが多いが、スナックにも向いている。

揚げる前にしっかり味つけ

■スープ　旨みたっぷりのスープは日本人にも好評

スープは調理法や地方によって呼び方が様々。ソト（Soto）あるいはチョト（Coto）は具を先に盛り付けてスープをあとで注ぐタイプ。スプ（Sup）あるいはソプ（Sop）はいわゆるスープである。さらにインドネシア語のサユール（Sayur）は本来「野菜」という意味だが、料理名として使われる場合は「汁がたっぷりの野菜の煮つけ」の意味になる。インドネシアのスープは概して具だくさんで旨みたっぷり。好みでサンバルを入れて辛さを調節しながら、ごはんを入れたりごはんにかけたりして食べれば立派な食事になる。

多くの日本人旅行者のお気に入りがソト・アヤム（Soto Ayam ㊴）。鶏肉・キャベツ・春雨などが入った辛みのないスープで、香辛料の爽やかな香りが食欲をそそる。その他、さっぱりしたカレースープのスプ・カレー・アヤム（Sup Kare Ayam ㊵）や、ジャカルタ生まれで、タマリンドの程よい酸味が魅力のサユール・アッサム（Sayur Asam ㊲）も定番スープ。

牛テール入りスープ、ソト・ブントゥット

いずれも地方・家庭によって入れる具や味わいが異なるので、それぞれの違いを発見するのも楽しい。

■麺　インドネシア人も麺類が大好き！

　蕎麦やうどん、ラーメンなどが日本人の生活に欠かせないように、インドネシア人の生活にも「ミー（麺）」が根づいている。麺の種類も、中華麺・ビーフン・春雨・クウィッティオなど多様。スーパーではカップ麺などのインスタントラーメンもよく売れている。

　その中でも必ず押さえておきたいのがインドネシア版の焼きそば「ミー・ゴレン」（Mie Goreng ㊶）。ケチャップ・マニスを使った優しい味わいで、インドネシア料理が初めてという人にもなじみやすい。また、ミー・ゴレンは現地ではごはんのおかずとして食べることが多い。「えっ、麺がごはんのおかず!?」などと思わずに一度試していただきたい。意外といける。

バンドゥンの人気店のミー。ワンタンやつみれとともに

　屋台の人気者はミー・バッソ（Mie Bakso つみれ入りつゆかけ麺）。道ばたで座りこんで麺をすすっている人を見かけたら、大抵がこれ。使われる器は日本のどんぶりよりも小さく、ちょっとお腹が空いたときによいサイズである。

■サンバル　毎日の食卓に欠かせない唐辛子ペースト

　インドネシアの食卓になくてはならない調味料、それがサンバル（Sambal）である。肉や魚にかけて焼いたり、炒め物に入れたり、スープに溶かし込んだりと、非常に汎用性が高い。サンバルは通称「チャベ（Cabai ／ Cabe 唐辛子の意）」とも呼ばれ、「ごはんとチャベがあればそれだけでOK」というインドネシア人すらいる。

　サンバルは、唐辛子と香辛料を合わせ、石臼で丁寧にすりつぶしてペースト状に仕上げたもの。最近では石臼の代わりにフードプロセッサーを使うこともあるが、やはりごりごりと根気よく手ですりつぶした方が口当たりがずっと滑らか。60ページで石臼の入手方法などを解説しているので一度ご自宅でも挑戦を。サンバル作りを身につければ、インドネシア料理の真髄

プロは巨大な石臼でアッという間につぶす

にぐんと近づけること請け合いだ。なお、現地のパサール（市場）には注文に合わせて材料をすりつぶしてくれる人たちがおり、すぐに料理に使える「チャベ・ギリン」(Cabai Giling すりつぶした唐辛子)が手に入る。プロ用の石臼は家庭にあるものとは比べものにならない大きさで圧巻！

ところで一口にサンバルと言っても種類は様々。家庭や地方によって好みの味があるし、「この魚料理にはこれ」「このスープにはこれ」という細かい使い分けもしている。その中でも、何にでも合う定番サンバルのサンバル・トゥラシ(Sambal Terasi ㊹)や、爽やかな風味が魅力のサンバル・バジャック(Sambal Bajak ㊸)は常備している家庭が多い。

■飲み物　ビタミンたっぷりのフルーツジュースに注目

フルーツ天国インドネシアでは豊富な種類の果物ジュースが楽しめる。現地で採れる甘い完熟バナナやあっさりしたスイカなどを使ったジュースは、一口飲んだだけでトロピカル気分に浸れるおいしさ。また、エス・サリ・ブア・トマト(Es Sari Buah Tomat トマトジュース㊻)やジュス・アフォカット(Jus Avokad／Adpokat アボカドジュース㊼)などのちょっと珍しいジュースも。日本では野菜と見なされるアボカドもインドネシアでは果物扱いで、ミキサーで砂糖や牛乳と混ぜれば甘くておいしいジュースに変身するのだ。

インドネシアはコーヒーやお茶の一大産地でもある。トラジャ・スマトラ・バリのコーヒーやジャワのお茶など、世界に名だたる産地がいくつもある。現地でもコーヒーやお茶は日常的に飲まれるが、いずれも砂糖をたっぷり入れるのが基本。ストレートで飲みたいなら「砂糖抜き(Tanpa Gula)」と言っておく方が無難だ。また、コーヒーの淹れ方は日本のようにフィルターを使わず、コーヒーの粉にそのままお湯を注いでしばらく待ち、上澄みの部分を飲むことが多い。非常に香ばしくて素朴さの残る味わいである。

さらにこの国には、ビンタン(Bintang)・アンカー(Anker)・バリハイ(Bali Hai)というビールブランドがある。いずれも軽くて飲みやすい。なお、最近ではノンアルコールのビンタンも販売されているので、お酒が飲めない人も雰囲気だけ味わってみては。少し甘みがあってどことなくスポーツドリンクのような感じの飲み物だ。

ビールの他にも、椰子樹液の発酵酒トゥアック(Tuak)、椰子樹液の蒸留酒アラック(Arak)、もち米から作る甘いお酒ブルム(Brem)などイ

爽やかなスイカジュース

暑い国での一杯は最高！

ンドネシアには多種類のアルコール飲料が存在する。ただしアルコールを口にするのはイスラム教徒にとってタブーであるため、ジャワ島やスマトラ島などイスラム教徒の多い土地ではアルコール類には出会いづらい。どうしても飲みたいという人は中華料理店などを当たろう。

■スナック
食事でもおやつでもパリパリ食べたい

インドネシア料理を引き立てる影の立役者がクルプック(Kerupuk)などのスナック類。ごはんに添えたり、砕いたものをスープに入れたりする。レストランではスナックが蓋付き容器にたっぷり入っていて、食べた分だけ自己申告制で支払う場合も。スナックのパリッとした食感は口休めによく、おかずそっちのけでこればかりパリパリ食べているインドネシア人も見かける。もちろん、ちょっとしたおやつにも最適。

クルプックは粉を水溶き・味つけし、干して揚げたもの。数え切れないほど種類があるが最もポピュラーなのはクルプック・ウダン(Kerupuk Udang)だろう。ベージュやピンク色など様々な色をした海老せんべいで、香ばしさがやみつきになる。一方のクリピック(Keripik)は野菜・果物・イモなど(衣をつけることもある)を揚げたもの。また、ムリンジョ(Melinjo)の実をつぶして丸い形にして揚げたウンピン(Emping)というスナックも定番。現地の市場や商店ではこれらを揚げたものや揚げる前のものが売られており、日本のアジア食材店でも揚げる前のものが購入可能。

もうひとつの有名な「パリパリ・ポリポリ」が豆類(Kacang)。最もよく食べられている豆がピーナッツで、衣をつけてから揚げたもの、にんにく味のもの、揚げた後に唐辛子パウダーをまぶした辛いもの、同様に砂糖をまぶ

工場の中庭にて天日干し中のクルプック

した甘いものなど色々な種類がスーパーで手に入る。また、カリカリに素揚げしたピーナッツは食事のつけ合わせとしても頻繁に登場。それから現地では殻ごと茹でたピーナッツ（Kacang Rebus）も人気があり、こちらは若干フニャッとしたやわらかい触感。ガド・ガドなどのソースとしても大活躍のピーナッツ、時にはこんな素朴な食べ方で召し上がってみては。

おもちゃみたいに色とりどり

人気のピーナッツ菓子

■デザート　程よい甘みで日本人の口にも合う

　インドネシア人は甘いものが大好きだ。有名なインドネシアのデザートと言えばピサン・ゴレン（Pisang Goreng㊿）。バナナに衣をつけて揚げたもので、日本人の口にもよく合うお菓子。現地では朝食や昼食の代わりにつまむ人もいる。また、素朴な甘みのコラック・ウビ（Kolak Ubi　さつまいものココナッツ汁粉㊾）などもおいしい。

　市場で売られている生菓子はクエ・パサール（Kue Pasar）あるいはクエ・バサッ（Kue Basah）と呼ばれる。売り台にずらっと並んだ色とりどりのお菓子は眺めるだけでも楽しく、程よい甘さも人気の秘密だ。その代表格であるクルポン（Klepon㊽）は、緑色のお団子にココナッツフレークをたっぷり振りかけたもので、中にはグラ・メラ（Gula Merah）と呼ばれる椰子砂糖が入っている。

　一方、客人のおもてなしのため家庭に常備してあるのがクエ・クリン（Kue Kering）。多くは卵・マーガリン・ベーキングパウダーなどを混ぜてオーブンで焼いた一口サイズのクッキーで、ナッツ・チョコレート・チーズなどで可愛らしく飾られている。種類豊富で、中にはココナッツミルクやドゥリアンの汁で風味をつけたものも。

エス・チェンドルを売る屋台

暑い国であるインドネシアでは氷を使ったデザートも人気。パンダンで香りをつけたココナッツミルクに緑色のゼリーを入れたエス・チェンドル（Es Cendol）や、果物など多種類の具が入ったカキ氷エス・チャンプル（Es Campur）、柔らかな椰子の果肉が入ったエス・クラパ・ムダ（Es Kelapa Muda）など、種類は非常に豊富。さらに同じエス・チャンプルでも地方やお店によって具が異なるので、食べるたびに新たな発見がある。

大人も子どもも夢中になるお菓子

インドネシア各地の名物料理

**広い国土の中に驚くほどの多様性を秘めたインドネシア。
豊富な地方料理の中からとくに有名なものをご紹介。**

■スマトラ島

　西スマトラのミナンカバウ人が出稼ぎに行った際に広めたと言われるパダン料理はインドネシア料理の代表格。パダンを中心とする地域だけでなく、全国各地、さらにはシンガポールやマレーシアなど東南アジア諸国にもパダン料理屋が存在するほどの人気ぶり。おかずを種類ごとに洗面器のような形の器に入れてウインドウに飾っているので、「ここはパダン料理屋」とすぐに気づくだろう。料理屋に入ると何も言わなくてもテーブルの上にごはん皿とフィンガーボウル、そしておかずが10〜20皿ほどずらりと並べられ、客はその中から食べたいものを選び、手をつけた料理の分のみ料金を支払うというユニークなシステム。

パダン料理、さあどれからいこうか！

サテ・パダンはソースをかけて

　パダン料理のおかずは、唐辛子・油・ターメリックをたっぷり使ったこってり味が基本。最初はあまりの辛さに口から火が出るかと思うのだが、食べ慣れると奥深いおいしさが分かってやみつきになる。その花形選手であるルンダン（Rendang）は肉・魚・卵・野菜などの素材をじっくりと火にかけ、表面が乾いてパサパサするまでソースの水分を飛ばしたもの（Rendang Telur 卵のルンダン㉙）。各種スパイスやココナッツミルクが凝縮された濃厚な味わいでインドネシア人・日本人を問わずファンが多い料理だ。また、水分が完全に蒸発する前に火を止めたカリオ（Kalio）や、煮込みソースを残してカレーのように仕上げたグライ（Gulai）もおなじみ。それからジェンコルやプテという独特の

香りをもつ豆を使ったメニューをよく見かける他、ココナッツミルクで煮たキャッサバの葉とサンバル各種もレギュラー選手。

パダン特有のサテやソトも人気だ。サテ・パダン(Sate Padang)は焼いた牛肉やモツに香辛料・ココナッツミルクを煮詰めて作った黄色っぽいソースをかけて食べる。ソト・パダン(Soto Padang)は油でカラッと揚げた牛肉が入ったスパイシーなスープで、トマト・春雨・ゆで卵など具だくさん。

また、パダン料理とやや似た存在として、西スマトラのカパウという小さな町で生まれたナシ・カパウ(Nasi Kapau カパウ料理)がある。ブキッティンギの市場にある屋台はおいしいナシ・カパウを食べられることで知られており、ずらりと並んだおかずの中から食べたいものを選ぶとごはんといっしょに盛りつけて出してくれる。パダン料理に似たこってり辛口のおかずが多数を占めるが、タケノコなど野菜を使った料理が多めの印象。

ナシ・カパウは火を噴きそうな辛さ。「水〜！」

それから、西スマトラの有名なデザートとして水牛のヨーグルトを椰子砂糖と混ぜて食べるアンピアン・ダディア(Ampiang Dadiah)がある。現地では朝食代わりにも食べるそう。

一方、スマトラ北部に住むアチェ人は魚介類を使ったグライやカレー料理をよく食べる。パダン料理同様スパイシーな味つけを好むが、酸味にもこだわりがあり、梅干に喩えられるほどの酸味をもつアッサム・スンティ(Asam Sunti 乾燥させたナガバノゴレンシ／ブリンビン・サユール Belimbing Sayur)を調味料とすることで有名。また、驚くことにアチェでは大麻を調味料として使ってきた歴史がある。大麻入り料理は祭礼などの機会に食べられていたらしい。

北東部のトバ湖周辺に住むバタック人はキリスト教徒が多いため、バビ・パンガン(Babi Panggang ローストした豚)などの豚肉料理を食べることも。細かく切った豚肉を香辛料とともに豚の血で煮込んだサクサン(Saksang)はお祭りの日のごちそうメニューとされている。

南部の都市パレンバンにも名物料理が豊富。最も有名なのはンペッ・ンペッ(Empek-empek)あるいはペンペッ(Pempek)と呼ばれる、魚のすり身とサゴ椰子澱

粉を混ぜて作った団子料理。スコッチエッグのように卵を団子の中に入れて調理することもあり、独特のもちもちとした食感が楽しい。他にもタマリンド入りの酸味スープで煮た魚料理ピンダン・イカン(Pindang Ikan)や、パイナップルや未熟なマンゴーを入れた甘酸っぱいサンバルもこの町の名物。

■ジャワ島

　ジャワ島の料理といえば椰子砂糖・ココナッツミルク・ピーナッツソースなどを多用したこってり甘めの味つけが特徴。

　ジャカルタ周辺に古くから住むブタウィ人たちは、今ではほぼ全土で食べられているガド・ガド(Gado-gado 茹で野菜のピーナッツソース和え㉒)の生みの親。他に、ビーフン・豆もやし・タフ・卵な

左はオンチョム、右は川魚のペペス

どをピーナッツソースで和えた「クトプラック(Ketoprak)」、ニンニクや米の入ったお好み焼き風の卵焼き「クラック・トゥロール(Kerak Telor)」、肉や野菜を煮込んで最後にたっぷりのココナッツミルクを加えたクリーミィなスープ「ソト・ブタウィ(Soto Betawi)」などのブタウィ料理もある。

　一方、バンドゥンを中心に暮らすスンダ人の料理はさっぱりした味つけの料理が多いので日本人好み。とくに人気なのが、魚・肉・タフなど様々な食材をバナナの葉で包み焼きにして味をしみ込ませた「ペペス(Pepes)」(鶏肉と鶏モツのペペス⑤、魚のペペス⑰)である。タフやテンペ、そしてオンチョム(Oncom ピーナッツの搾りかすを原料とする発酵食品)もよく食べる。また、スンダ人はインドネシアでは珍しく様々な野菜を生食することで知られ、キャベツ・きゅうり・トマト・いんげん・なす(日本のものよりずっと小さくて丸い)・クマンギの葉(Daun Kemangi)などの生野菜を盛り合わせた「ララップ」(Lalap)が

たっぷりの生野菜をお好みのサンバルで

頻繁に登場する。ディップ感覚でサンバルをつけていただこう。

バンドゥン東部にあるスメダンはおいしいタフを、バンドゥン南東部のガルットはドドール（Dodol）と呼ばれるお菓子を産することで全国的に知られている。ドドールはもち米・ココナッツミルク・椰子砂糖を主原料としたやわらかな食感のキャンディで、甘すぎない素朴な味に心が和む。

ジャワ海に面したチレボンも名物の多い町。とくにポピュラーなのが町のあちこちで屋台を見かけるナシ・ジャンブラン（Nasi Jamblang）だ。チークの葉に包んで蒸し上げたごはんの上に気に入ったおかずを自分でよそい、食べた分を自己申告して支払うシステムで、おかずは西ジャワらしく素朴なタ

チレボン名物ナシ・ジャンブラン

フ料理やテンペ料理の他、港町ならではの新鮮な魚介類を使ったものも。運が良ければ渡り蟹のペペスなどちょっと珍しい料理に出会えることもある。また、揚げ豆腐に甘辛いタレをかけて食べるタフ・グジロット（Tahu Gejrot ㉜）、ごはんにテンペや揚げ豆腐などのおかずを載せてニラやバワン・ゴレンをふりかけたナシ・レンコ（Nasi Lengko）などもチレボンならではの食べ物。

中央・東ジャワ料理の味つけはさらにこってりと甘めで、つぶした小海老に香辛料などを加えて煮詰めたプティス・ウダン（Petis Udang）というこの地方特有の調味料が頻繁に使われる。

中央ジャワの古都ジョグジャカルタの名物料理として知られているのが、ジャックフルーツ・鶏肉・卵・タケノコ・キャッサバの葉などを甘辛く煮込んだ「グドゥッ（Gudeg）」と、クルプックとアヒルの卵の塩漬けをつけ合わせにして食べるビーフスープ「ラウォン（Rawon）」。ラウォンのスープが黒っぽいのはクルワック（Kluwak）という黒に近いこげ茶色をした木の実（外皮は灰色）を入れるためである。また、スハルティ夫人がこの地でレシピを開発して

こってり甘いナシ・グドゥッはジョグジャの味

成功させたアヤム・ゴレン・スハルティ(Ayam Goreng Suharti)は今ではジャカルタなどにチェーン店ができるほどの人気ぶり。地鶏を丸ごと揚げた上にサクサクの衣がかかっている。

スラカルタ(ソロ)名物はココナッツミルクなどで煮たごはんをバナナの葉に盛り、鶏肉・卵・野菜の煮物などを添えたナシ・リワット(ナシ・リウット)(Nasi Liwat／Nasi Liwet)。北海岸沿いの都市スマランではタケノコ・卵・鶏肉あるいは海老を入れた春巻き「ルンピア・スマラン(Lumpia Semarang)」に出会える他、スマラン西部の港町プカロンガンではモツと香辛料を溶かして長時間煮込んだ味わい深いスープ「タオト(Taoto)」(ソト・プカロンガン Soto Pekalongan)が、スマラン東部のクドゥスでは鶏肉・キャベツ・豆もやし入りのヘルシーなスープ「ソト・クドゥス(Soto Kudus)」が食べられる。また、鶏肉をマイルドなココナッツソースで煮たオポール・アヤム(Opor Ayam)や、タフやテンペを甘辛く煮たタフ・バチェム(Tahu Bacem)やテンペ・バチェム(Tempe Bacem)も有名な中央ジャワ料理である。

スラバヤ北西にあるマドゥラ島は、ピーナッツ入りのソースをかけたサテ・マドゥラ(Sate Madura ⑥)や、こんがりとスパイシーに焼き上げたアヤム・バカール・マドゥラ(Ayam Bakar Madura ①)などおいしい料理の宝庫だ。また、牛肉とモツのスープであるソト・マドゥラ(Soto Madura)はターメリックやレモングラスなどの香辛料が効いていて意外とさっぱりした味わい。

ラウォンに必須のクルワックの実

左がテンペ・バチェム、右がタフ・バチェム

■バリ島

　世界に名を馳せる楽園リゾート・バリのレストランでは、ナシ・ゴレンやサテなどもひときわお洒落に盛りつけられており、メニュー写真を見ているだけでも心が浮き立つ。ただし、観光客向けの味つけの店が多いのが残念なところ。本格的なバリ料理に出会いたいなら現地の人たちにおすすめのお店を尋ねるか、屋台の集まるパ

サール(市場)に出向こう。今までになかった食の発見があるはずだ。

　バリ島はバリ・ヒンドゥーを信仰している人が多いため、豚肉もよく口にするのが特徴。豚肉を使った料理として有名なのがお祭りの際に食べられるバビ・グリン(Babi Guling)。唐辛子・レモングラス・クミリなど多種類のスパイス＆ハーブをおなかに詰めた豚にターメリック水を塗りながら丸焼きにし、こんがりとした色に焼きあがったらナイフで肉を削いで食べる。皮はパリパリ、中身は肉汁たっぷりという贅沢な味わいの一品だ。また、豚の皮と耳・若いジャックフルーツ・三尺ササゲなどを細かく刻み、スパイス類で和えたラワール(Lawar)も有名。中でも豚の血を混ぜ込んだラワール・メラ(Lawar Merah 赤いラワールの意味)はバリ・ヒンドゥーの祝祭日「ガルンガン」に欠かせない料理である。

　他の地方のサテは小さく切った肉を串に刺すことが多いが、バリではサテ・ベ・サンピ(Sate Be Sampi⑪)のように串の周りに香辛料を混ぜ込んだ挽き肉をつけて焼くサテ・リリット(Sate Lilit)がポピュラー。通常の串の代わりにレモングラスを使ってさらに香り豊かに仕上げることも。また、アヒルを丸ごと一羽バナナの葉で包んでじっくりと蒸し焼きにしたベベック・ベトゥトゥ(Bebek Betutu)も人気の高いバリ料理である。さらにディープなバリが味わいたい人は、北部の町シガラジャ名物であるシオバック(Siobak 下味をつけた豚肉をグリルして薄く切り、タウチョなどのソースをかけた料理)などにも挑戦していただきたい。

やっぱりお洒落、バリのナシ・チャンプル

ウブドにある人気店のバビ・グリン。豪快！

蒸し焼きアヒルのベベック・ベトゥトゥ

■ヌサ・トゥンガラ諸島

　ロンボク島で有名なのが赤唐辛子・トゥラシ・クミリなどから作るサンバル・プルチン (Sambal Pelecing)。揚げた鶏肉・茹でた空芯菜・揚げなすなど様々な素材に合わせて食べる。また、唐辛子・トゥラシ・トマトなどをすりつぶして鶏肉に塗り、こんがりと焼き上げるアヤム・タリワン (Ayam Taliwang) もある。これはもともと隣のスンバワ島で生まれた料理だが、現在ではロンボク名物として親しまれている。

　フローレス島ではクジラやエイの肉を食べる他、とうもろこしを米ほどの大きさにつぶして水で濾し、沈殿したおかゆのような食感の澱粉を主食とする。また、とうもろこしを砕いたものをチップスのように固めたジャグン・ティティ (Jagung Titi) はお酒のおともとして愛されている。

■カリマンタン

　カリマンタンではグライなどの煮込み料理や野菜入りの炒め物を食べることが多い。ウダン・アッサム・プダス (Udang Asam Pedas 海老の酸味スープ煮⑲) など魚介類を使った料理がよくテーブルに並ぶのも特徴だ。また、西カリマンタンの町ポンティアナックなどではバクミー・クピティン (Bakmie Kepiting 蟹入り焼きそば) のように中華料理に香辛料を加えてインドネシア風に変身させたものも多く目につく。

　名物料理が多いのはバンジャルマシンを中心とする南カリマンタン。茹でて割いた鶏肉、プルクデル (Perkedel コロッケ㉖)、ゆで卵などが入った豪華なスープ「Soto Banjar ソト・バンジャール」はとりわけよく知られている。また、バンジャルマシン北東にある町カンダンガンは、焼いた魚をココナッツミルクスープで煮込み、小さく切ったクトゥパットといっしょに皿に盛った「クトゥパット・カンダンガン (Ketupat Kandangan)」や、ソフトキャンディの「ドドール・カンダンガン (Dodol Kandangan)」で有名。

■スラウェシ島

　北スラウェシにある海辺の町マナドを中心に暮らすミナハサ人は辛〜い料理がお好き。小粒で辛みの強い赤唐辛子「チャベ・ラウィット (Cabai Rawit)」やさらに強烈な辛さの青唐辛子をふんだんに使う。その代表格とも言えるのが鮮やかな赤色ソース「リチャ・リチャ (Rica-rica)」を使った料理だ。このソースは赤唐辛子・玉ねぎ・にんにく・

鶏肉入りのスパイシーなウォク・ブランガ

しょうが・トマト・レモングラスなどを使って作られており、刺激的な辛さの中に奥深い味わいが隠されている。揚げ魚にかけたものはイカン・リチャ・リチャ（Ikan Rica-rica⑮）、焼いた鶏肉にかけたものはアヤム・リチャ・リチャ（Ayam Rica-rica）と呼ばれ、どちらも人気がある料理。マナドにはその他にも、赤唐辛子・青唐辛子・ターメリック・しょうがなどで作ったカレー風

爽やかな味、サンバル・ダブダブ

ペーストで魚・海老・鶏肉などに味をつけたウォク・ブランガ（Woku Belanga）、たくさんのチャベ・ラウィットや未熟なトマトなどを使ったサンバル・ダブダブ（Sambal Dabu-dabu）など、とにかく辛いものが多数。また、酸っぱいスターフルーツ・レモングラス・トマトなどのスープで魚などを煮込んだ爽やかな味わいのクア・アッサム（Kuah Asam）もこの地方の名物料理である。胃を休めたいときにはかぼちゃ・とうもろこし・さつまいも・キャッサバ・空芯菜など様々な野菜が入ったマイルドなおかゆ「ブブール・マナド（Bubur Manado）」がベストチョイスだろう。

マナドにはおいしいお菓子も多い。若いココナッツの実をたっぷり入れたスフレのような食感のケーキ「クラッパータルト（Klappertaart）」はオランダ時代に影響を受けて生まれたもので、見た目もいかにも洋風である。また、ココナッツミルクやタピオカ粉を使って作る層状のお菓子「バラピス（Balapis）」も有名で、こちらはゼリーやういろうのような食感。他に、海苔巻きのようにもち米をバナナの葉で巻いて焼いた「ラランパ（Lalampa）」など。ラランパの中にはココナッツミルクで和えたツナが入っており、甘しょっぱい味でスナック代わりにもなる。

魚の頭を煮込んだクア・アッサム

一方、スラウェシ南部の港町マカッサルでは、新鮮な魚介類を炭火焼きにする屋台が海岸沿いにずらりと立ち並び、香ばしい匂いを漂わせている。心地よい海風に吹かれながらアツアツのイカン・バカール（Ikan Bakar 焼き魚）に各種サンバルをつけて食べるのは格別の味だ。また、インドネシア人にも日本人にもファンが多い臓物入りスープ「チョト・マカッサル」（Coto Makassar㊱）も見逃せない。すりつぶしたピーナッツなどが入ったこってり味のスープで、現地ではクトゥパットといっしょに食べるのが定

番。お好みでサンバルを入れたり柑橘類を搾ったりしてもおいしい。また、牛あばら肉を骨付きのまま煮込んだ「ソプ・コンロ (Sop Konro)」も名物スープ。それから、この土地ならではのデザートとして、スジの葉で緑に着色した米粉の衣でバナナを包んで蒸し、砕いた氷を添えてココナッツソースをかけたエス・ピサン・イジョ

マカッサルの海岸沿いに並ぶシーフード屋台

(Es Pisang Ijo)や、米粉とココナッツミルクを混ぜてパンダンの葉で香りをつけたものを煮詰め、バナナと氷を添えて鮮やかな赤のシルップ・メラ(Sirup／Syrup Merah)をかけたエス・パルブトゥン(Es Pallubutung)がある。

マカッサル北部にあるタナ・トラジャは世界に知られる「トラジャコーヒー」の名産地。トラジャ人の食べ物では、肉・ココナッツ・野菜を竹筒に詰めて蒸し焼きにした風味豊かなパピオン(Pa'piong)が有名。

チョト・マカッサルはクトゥパットをお供に

■マルク諸島

シーフード料理が多いマルク諸島。とくにヤシガニを茹でたり炭火焼きにしたりしたものがご馳走とされている。主食はサゴ椰子澱粉が一般的で、平たい形に伸ばして焼いたサグ・レンパン(Sagu Lempeng)が食べられている。また、バゲア(Bagea)というサゴ椰子澱粉からできたクッキーのような食べ物には、クナリの実と香辛料で味つけをしたしょっぱいものと、シナモン味の甘いものがある。

それから、ハルマヘラ島のテルナテには鶏肉を唐辛子やトゥラシ、ケチャップ・マニス、椰子砂糖、パンダンの葉などが入ったソースで煮込んだアヤム・パニキ(Ayam Paniki)という名物料理がある。

サゴ椰子澱粉を主食とする地方も

■ **パプア**

　パプアではいも類やとうもろこしなどを主食にする人が多く、甘みが強いさつまいもはとりわけ人気がある。また、サゴ椰子澱粉も一般的な主食。市場などで固めて売られているサゴ椰子澱粉をふるいにかけて細かくし、水を注いでよく混ぜ、お湯を注いでからもう一度混ぜるとパペダ（Papeda）と呼ばれるペースト状の食べ物ができる。淡白な味であるため、焼き魚やスープとともに食べるのが普通だ。

　おかずには魚を比較的よく食べる他、祭礼など特別な儀式の際には鶏や豚を焼き石とともに地面の穴に入れ、草をかぶせて蒸し焼きにする。いわゆる名物料理らしきものはあまり見当たらないものの、日本人にとってはパプアで食べる物・食べ方、そのすべてが目新しく新鮮である。

知っておくと便利な料理用語集

インドネシア料理好きなら言葉も少しかじってみては？
食材や調理法に関する知識がいっそう深まるはず。

aduk, mengaduk	かき混ぜる
air	水
air panas	湯
ampela	砂肝
angkat	取り出す／持ち上げる
api	火
〜 kecil	弱火
〜 sedang	中火
〜 besar	強火
asam	酸っぱい
〜 jawa	タマリンド
asap	煙
ikan asap	燻製魚
asin	塩辛い／しょっぱい
ayam	鶏
babat	モツ（牛の4つの胃）
babi	豚
bagi, membagi	分配する
bahan	材料
bakar, membakar	焼く
bakmi ／ bami	中華麺
bakso	肉団子、魚団子
bara ／ bara api	おき火／炭火
bawang	葱類
bebek ／ itik	あひる
beku, membeku	固まる／氷結する
belah, membelah	裂く／割る／二分する
beras	米
buah	①果実 ②〜個
buang, membuang	捨てる
buat, membuat	作る
bubuk	粉／粉末
bubur	お粥
bumbu ／ rempah-rempah	香辛料／調味料
bungkus, membungkus	包む
busa	泡／あぶく／あく
busuk	腐った
cair, cairan	液体／液状のもの
campur, mencampurkan	混ぜる／〜と混ざるようにする
cangkir	茶碗／コーヒーカップ
celup, mencelup	（液状のものに）浸す
cicip, mencicip	味見する
cincang ／ cencang	細かく切る／みじん切り
cobek ／ cobekan	すり臼／石臼（香辛料をすりつぶすための）
cuci, mencuci	洗う
cuka	酢
cumi-cumi	イカ
daging	肉
daun	葉
diamkan	放置する／動かさない
didih, mendidih	煮立つ／沸騰する
mendidihkan	煮立たせる／沸騰させる
dingin	冷たい
mendinginkan	冷やす／冷たくする
ebi	小さい海老／干し海老
empuk	柔らかい
enak ／ sedap ／ lezat	おいしい
es	氷
garam	塩
garpu	フォーク
giling, menggiling	〜を挽く／粉にする
gongseng	煎る（油なしで）
goreng, menggoreng	揚げる
gula	砂糖
gulung, menggulung	巻く
haluskan	細かくする／すりつぶす
hancurkan	砕く／つぶす
hangat	温かい
menghangatkan	〜を温める
hangus	焦げる
harum	芳香／よい香り
hidang, menghidangkan	盛り付ける
ikan	魚
iris, mengiris	薄切りにする／薄く切る
isi	中身／内容
mengisikan	中に詰める／中に入れる
jajan	おやつを食べる
jamur	きのこ
jepit, menjepit	挟む／つまむ
jerohan	モツ／臓モツ
kacang	豆
kadaluwarsa	賞味期限
kaldu	スープストック
kambing	山羊
kapur	石灰
kasar	粗く
kecil	小さい
keju	チーズ

kelapa ／ nyiur		ココヤシ
～ muda		未熟な椰子の実
～ parut		ココナッツフレーク
kental		濃い
mengentalkan		濃くする
kepiting		蟹
kerang		二枚貝
kering		乾いた／乾燥した
mengeringkan		乾かす／乾燥させる
kocok, mengocok		かき混ぜる／泡立てる
kopi		コーヒー
kuah		汁
berkuah		汁気のある
kue		菓子
kukus, mengukus		蒸す
kulit		皮
kupas, mengupas		皮をむく
larut		溶ける
melarutkan		溶かす
lauk		おかず
lontong		米をバナナの葉で包んで茹でたもの
lumpia		春巻きのようなもの
madu		蜂蜜
makan		食べる
mangkok		茶碗
manis		甘い
masak, memasak		料理する／煮る
masukkan		～に入れる
matang		煮えた／熟した
memarkan		叩きつぶす
mentah		生の／未熟な
mie ／ mi		麺
mihun ／ bihun		ビーフン
minum		飲む
minyak		油
misoa		そうめん
muda		若い／未熟な
nasi		ご飯
oles, mengoles		塗る（バター、クリームなどを）
pahit		苦い
panas		熱い
memanaskan		熱くする
panci		アルミ鍋／鉄鍋
panggang		遠火で焼く／オーブンで焼く
parut, memarut		削る／すりおろす
pedas		辛い
penusuk		串
piring		皿
pisah, memisah		分離する／分かれる
memisahkan		離す／分ける
pisau		ナイフ／包丁
potong, memotong		切る
ragi		酵母
rasa		味
rata		平均的に／一様に
rebus, merebus		茹でる
remas		こねる／しぼる
rendam, merendam		浸す／浸ける
resap, meresap		味がしみ込む
resep		レシピ
roti		パン
saji ／ sajian		ご馳走／大皿に盛った惣菜
menyajikan		ご馳走を用意する／食卓にご馳走をのせる
sangrai ／ gongseng		煎る／から煎りする
santan		ココナッツミルク
sapi		牛
saring, menyaring		漉す／ふるいにかける／裏ごしする
saus		ソース類
sayur		①野菜 ②汁気のある煮込み料理
sedikit		少し／少々
segar		新鮮な
sendok		スプーン
sisih, menyisih		分ける／選別する
menyisihkan		脇へよせる／別にしておく
sobek, menyobek		破く／引き裂く
sohun ／ soun		春雨
susu		ミルク
tabur, menaburkan		～を散らす／～をふりかける
tahu		豆腐
tambahkan		加える／足す
tanak, menanak		飯を炊く
tanpa		～なしで／～しないで
telur		卵
tepung		粉
tiriskan		水分をきる
tuangkan		～へ～を注ぐ
tumis, tumisan		炒め物
menumis		油で炒める
tusuk, menusuk		（串などで）突き刺す
ulek, mengulek		（石臼で香辛料などを）すりつぶす
ulekan		すり臼

グルメ旅のアルバム①
活気あふれるパサールへようこそ

インドネシアの町ごとにあるパサール(市場)は朝市・常設市・定期市と様々。
買い手と売り手の丁々発止のやりとりなど、いつも賑やかなパサールの様子をご覧あれ!

のどかな青空市場。西スマトラ・マニンジャウにて

イカン・アシン(塩干し魚)に埋もれんばかり!

アジ、タチウオ、カマス、カニ…今夜は何を食べよう?

カラフルないでだちで目を引くプテ売りおばさん

「1本いかが?」棒状になって売られているテンペ

スパイス売りの周りにはかぐわしい香りが立ち込める

小分け袋入りの香辛料はちょっと欲しい時にぴったり

「ちょっとまけてよ」パサールでは値切り交渉も楽しみ

手前にあるのは青菜でもししとうでもなく青唐辛子。辛い！

オーダーごとに香辛料をすりつぶす、この道のプロ！

種類豊富なクルプック専門店。西ジャワ・バンドゥンにて

昼下がりのパサール。パダンのパサール・ラヤにて 　　　「どう、買って行かない？」鶏は丸ごと買いもポピュラー

大迫力の唐辛子の山。一度は実物を見ていただきたい 　　　「今日はどのくらい買っていく？」粉類は量り売り

匂いにつられてたどり着いたのはドゥリアン売り場 　　　日本では高価な南国フルーツもここでなら気軽に購入

インドネシア人が大好きな淡水魚。シジミもどっさり

ヤムビーンとサボジラの売り子。ブキッティンギにて

食料品だけでなく日用品や衣類もリーズナブルに手に入る

忙しいイブのためにすりつぶした赤唐辛子も販売

綺麗なディスプレイも販売テクニックのひとつ

スパイシーなクルプックも。ブキッティンギにて

グルメ旅のアルバム②
色鮮やかな熱帯野菜

インドネシアの強い陽射しを浴びてすくすく育った野菜たち。
日本人にはちょっと珍しいものを中心にご紹介！

トーチジンジャー (Kecomburan)
ピンクの大きな蕾を食用にする

クランディンガン (Klandingan)
極小の豆でウラップなどに入れられる

バイアム (Bayam)
クセがなく何でも使える葉野菜

カレーの木／ナンヨウサンショウ (Salam Koja)
カレーなどの香りづけに使用

シカクマメ／ウリズン (Kecipir)
サヤのまま茹でたり炒めたりするクセのない豆

スイートバジル (Daun Selasi)
香り高い葉を生のまま食べる

空芯菜 (Kangkung)
スープや炒め物などに合う青菜でインドネシアの定番野菜

バワン・メラの花 (Bunga Bawang Merah)
茎にんにくとワケギの中間のような感じで、炒め物などに

三尺ササゲ (Kacang Panjang)
長いいんげんのような野菜をスープ、炒め物、和え物に

カシューナッツの葉 (Daun Jambu Mete)
アクが強い葉で生のまま食べる

ミリンジョ／グネツムの実 (Buah Melinjo)
サユール・アッサムに欠かせない木の実

クズイモ／ヤムビーン (Bengkuang)
サクサクとした食感で生のままルジャックに

シダの一種 (Pakis)
ワラビにそっくりだがアクがない

タロイモ (Talas)
お菓子に使われる他、地方によっては主食にも

クニキール (Kenikir)
強い香味と程良い苦みをもつ生食用の野菜

36

にがうり／ゴーヤー (Paria/Pare)
生食・炒め物に使われる苦みのあるウリ

きゅうり (Ketimun)
日本のものよりずっと太くてみずみずしい

バナナの蕾 (Jantung Pisang)
中の白くてやや苦みがある部分を煮込み料理などに

なす (Terong Ungu)
細長く鮮やかな紫のなすは揚げる・炒めるなど火を入れて

生食用なす (Terong Lalap)
丸くて小さななすは生のままサンバルをつけて

スジの葉 (Daun Suji)
煮出して菓子に緑色をつける

トカドヘチマ (Oyong)
スープや炒め物に合う、表面に10本の筋がある大きなヘチマ

キャッサバの葉 (Daun Singkong)
炒めたり煮込んだりして食べる他、生食も

ポ・ポホン (Poh-pohon)
独特の香りをもつ生食用の葉野菜

ナガバノゴレンシ (Belimbing Wulih／Belimbing Sayur)
スープなどの酸味づけに

イヌホウズキ (Lunca)
苦みのある小さな実を生食や炒め物に

サカズキノキ／オワンバノキ (Mankokan)
モツや魚の生臭みを取る

ジリンマメ (Jengkol)
こちらも独特の匂いが特徴で煮物や炒め物に

テスポン (Tespon)
セリにそっくりの生食用野菜

ネジレフサマメ (Petai／Pete)
独特の匂いの豆を焼き物・煮物・炒め物に

ハヤトウリ (Labu Siam)
洋梨のような形をしたウリをスープや炒め物に

グルメ旅のアルバム③
雨季はフルーツ天国

たくさんの果物に出会いたいなら雨季を狙うのがいちばん。それぞれ出回るシーズンがあり、「インドネシアには果物の数だけ季節がある」と言われるほど。

シャカトウ／カスタードアップル (Srikaya)
中身は白くてまったりとした甘さ

パパイア (Pepaya)
大きいパパイアの実は迫力満点

マンゴスチン (Manggis)
甘酸っぱさが魅惑的な果物の女王

ジャックフルーツの一種 (Nangka Omas)
普通のジャックフルーツより甘くて美味

ドゥリアン (Durian)
独特の香りと濃厚なおいしさの果物の王様

ドゥク (Duku)
直径3cmほどでぷるんとした口ざわり

ジャワフトモモ／ミズレンブ (Jambu Air)
さっぱりした味とサクサクの食感

スターフルーツ (Belimbing)
可愛い星型の果物はかじるとサクサク

トゲバンレイシ (Sirsak)
香り高い実はジュースにしても美味

ザボン (Jeruk Bali)
さっぱりした味の大きな柑橘類

マンゴー (Mangga)
「いかにも南国！」の香りと甘さ

ミカン (Jeruk Manis)
皮が青くてももう食べごろ

バナナ (Pisang)
生食用、料理用など多種類

ブア・メンテン (Buah Menteng)
小さな実は酸っぱく爽やかな風味

パッションフルーツ (Markisa)
種ごとスプーンですくって食べる

サポジラの実 (Sawo)
酸っぱさがなく濃厚な甘み

リュウガン (Longan/Lengkeng)
ゼリー質の実でほの甘い

サラック／サラカ椰子の実 (Salak)
シャリシャリとした歯ごたえ

パイナップル (Nanas)
完熟しており美味しさもひときわ

グァバ (Jambu Biji)
ジュースでおなじみの爽やかな甘さ

クドンドン (Kedongdon)
ルジャックに欠かせないカリカリ感

ランブータン (Rambutan)
皮からつるんと剥けて上品な甘み

ココナッツ／ココ椰子の実 (Kelapa)
優しい甘みのジュースとゼリーのような果肉

アボカド (Adpokat)
果物として甘く味つけするのが現地流

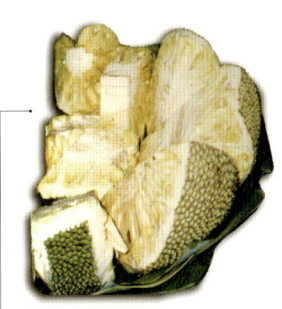

ジャックフルーツ (Nangka)
巨大な果物で未熟なうちは料理に使われる

39

グルメ旅のアルバム④
インドネシアン・スイーツの誘惑

珍しい色や形に惹かれて口にすれば、懐かしいような甘さに虜になるインドネシアのお菓子。中には間食に最適なしょっぱい味のおやつも！

プトゥリ・アユ (Putri Ayu)
ピンク色が可愛らしい蒸し菓子

ルンプル・バカール (Lemper Bakar)
包みを開くともち米とグラ・メラ味のココナッツフレークが

ダダール・グルン (Dadar Gulung)
くるっと巻かれた緑色のインドネシア版クレープ

ピサン・モレン (Pisang Molen)
バナナを生地で巻いたシガー型の包み揚げ

クタン・アルオ (Ketan Aluo)
ユニークな形が楽しいもち米お菓子

バクワン (Bakwan)
インドネシア版かき揚げはサンバルと青唐辛子付き

クタン・スリカヤ (Ketan Serikaya)
もち米、ココナッツミルク、卵を使った素朴なお菓子

ラピス・ルギット (Lapis Legit)
層状になったういろうのようなプルプルお菓子

クラッパー・タルト (Klapper Taart)
やわらかな椰子の果肉入り洋風デザート

リソレス (Risoles)
青唐辛子を添えた肉入り揚げ春巻き

クエ・プトゥ・アユ (Kue Putu Ayu)
スジの葉の緑とココナッツミルクのコントラストが綺麗！

マルタバッ・マニス (Martabak Manis)
甘いパンケーキのようなおやつで皆が大好き

タペ・シンコン (Tape Singkong)
キャッサバイモを麹で発酵させて甘い風味に

ピサン・バカール
(Pisang Bakar)
焼きバナナをグラ・メラ味の
ココナッツフレークと一緒に

スラビ
(Serabi)
ほんのり甘いココナッツミルク味

バッパウ
(Bakpau)
肉などが入った
ふかふかの蒸し饅頭

ルンプル・アヤム
(Lemper Ayam)
もち米にピリ辛鶏肉を
入れて蒸したおやつ

ドドール
(Dodol)
多彩なフレーバーの
ソフトキャンディ

コルケット
(Korket)
青唐辛子添えのミニコロッケ

クエ・マンコック
(Kue Mangkok)
カラフルでふわふわの
カップケーキ

ブブール・スムスム
(Bubur Sum-sum)
火にかけて練った米粉に
グラ・メラソースをかけて

ブブール・クタン・ヒタム
(Bubur Ketan Hitam)
黒もち米を甘〜く煮たもの

ビーフン・ゴレン
(Mihun Goreng)
2口で完食の焼きビーフン

ロティ・バカール・バンドゥン
(Roti Bakar Bandung)
食パンにバターを塗って
チョコチップやジャムをサンド！

マクロン
(Makron)
サゴ粉とクナリの実から作った
サクサクの焼き菓子

オンデ・オンデ
(Onde-onde)
もちもちした食感の
ゴマ団子は定番のおやつ

41

グルメ旅のアルバム⑤
ひんやり冷たいドリンク&デザート

「喉がカラカラ!」「今すぐ涼みたい」そんな時に万金の重みをもつのが冷たい飲み物やデザート。練乳やローズシロップたっぷりの甘さは、辛~い料理とも相性バツグン!

スイカジュース (Jus Semangka)
すっきりとした爽やかな甘みでリフレッシュ

エス・ブア (Es Buah)
フルーツ各種とミネラルウォーターの氷をミックス

エス・チャンプル・ドゥリアン (Es Campur Durian)
濃厚な味のドゥリアンが入ったカキ氷

エス・コプヨール (Es Kopyor)
突然変異で形が崩れた柔らかいココナッツ果肉を使用

仙草ゼリー (Es Cincau)
ツルッとした喉ごしの黒いゼリーにローズシロップをかけて

エス・チャンプル (Es Campur)
フルーツやゼリーなど多種類の具が入ったカキ氷

エス・デリマ (Es Derima)
ザクロ形のゼリー「パチャールチナ」とアボカド、砂糖椰子の実「コランカリン」

テ・ボトル (Teh Botol)
辛い料理に良く合う甘~いアイスティー

トマトジュース (Jus Tomat)
現地のトマトジュースは甘い味つけが定番（レシピ㊻）

エス・クラパ・ムダ (Es Kelapa Muda)
若い椰子の実のつるんとした食感を楽しんで

《心安らぐホットドリンクも》

エステ・エムジェ (ESTE-EMJE)
朝鮮人参、ミルク、ハチミツ、卵、ショウガなどが入っており体があたたまる。

コピ (Kopi)
カップの中でコーヒーの粉を沈殿させて飲む、香ばしいコピ・ブブックが主流

テ (Teh)
インドネシアのお茶はマイルドで万人に愛される味。ジャスミンティーなども

グルメ旅のアルバム⑥
サクサク楽しむクルプック&クリピック

パリパリ・サクサクの食感がクセになるスナック類は色・形・原料など千差万別。ここでご紹介しているのはほんの一例。現地の市場やスーパーで珍しい種類を探してみよう。

クルプック・ウダン
(Kerupuk Udang)
タピオカ粉と小エビを使用した定番クルプック

ウンピン・ムリンジョ
(Emping Melinjo)
ムリンジョの実を叩いて薄くのばしたもの

クラック・カリアン
(Karak Kaliang)
8の字の形をしており、歯ごたえ満点！

クルプック・イカン
(Kerupuk Ikan)
小魚を可愛くあしらったクルプック

シンコン・ケジュ
(Singkong Keju)
チーズと唐辛子で味つけしたサクサクのスナック

ダカッ・ダカッ
(Dakak-dakak)
ラーメンをまるめたような形が面白い

クリピック・ナンカ
(Kripik Nangka)
ジャックフルーツを揚げたフルーティなクリピック

カチャン・アトム
(Kacang Atom)
ピーナッツをくるんで唐辛子などで味つけしたスナック

ダカッ・ダカッ
(Dakak-dakak)
上記と同名だが、こちらはターメリックで色をつけた上新粉のスナック

クルプック・シンコン・メラ
(Kerupuk Singkong Merah)
タピオカ粉に魚の粉を混ぜた薄焼きスナック

クリピック・クンタン
(Kripik Kentang)
じゃがいもを揚げたポテトチップス風

ウスス・アヤム
(Usus Ayam)
鶏の腸をからりと揚げたスナック

43

在日インドネシア人が語る「思い出の料理」

遠く離れてもやっぱりあの味が忘れられない！
15人のインドネシア人たちの好物を直撃インタビュー。

アリアディさん
出身地：メダン（スマトラ島）
職業：アジア食材販売会社社員

好物はタフ・イシ(㉝)。炒めた唐辛子といっしょに食べるとすごく美味しい。お母さんが作るウラップも味つけがしっかりでいくらでも食べられる絶品！近所でも評判で皆がレシピを聞きにきたほど。ウラップは、キャッサバの葉、空芯菜、三尺ササゲ、もやしなどを茹でてココナッツで和えた料理。これにテンペ・ゴレンやクルプックを添えて食べるんだけど……ああ、思い出しただけで懐かしい！

高取リンダ先生
出身地：コト・ガダン（スマトラ島）
職業：インドネシア語講師

厳しかった両親に内緒で隣のおうちで食べさせてもらったアヤム・ゴレン(②)やお手伝いさんに屋台に買ってきてもらった素朴なトゲ・ゴレン(もやし炒め)が懐かしいですね。また、チャ・カンクン(㉑)は子どものころ嫌いで今は大好きになった料理。苦手な食べ物は好きになろうとする努力も大切！例えば日本人はドゥリアンが苦手な人も多いと思いますが、すぐ諦めず何度もチャレンジしてほしいです。

アディさん
出身地：ランプーン（スマトラ島）
職業：工場勤務

いつも恋しくなるのがトゥルール・バラド(㉛)。ピリッとしたソースで煮た卵で、僕にとっての「おふくろの味」。それから、僕のお母さんはパダン出身なので時間をかけてじっくり煮込んだルンダン・サピ（牛肉のココナッツミルク煮）もよく作ってくれたなあ。夕飯にこれが出ると、家族みんながごはんをお代わりするほど美味しかった！

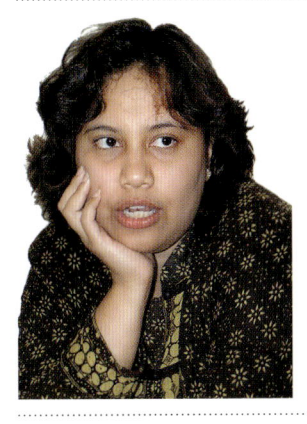

イメルダ・クットゥリル先生
出身地：ジャカルタ（ジャワ島）
職業：インドネシア語講師

私は麺類やスープ類が好み。だから好きな料理と言うとバクワン・マラン（肉団子やワンタンなどが入った汁そば）やテクワン（魚のつみれ入りスープ）が思い浮かびます。また、シュウマイのようなものにピーナッツソースをたっぷりかけて食べるシオマイ・バンドゥンも大好物。恋しい料理は里帰りのたびにまとめて堪能していますが、帰国前には好物が夢に出てくることもあります。

アデさん
出身地：バンドゥン（ジャワ島）
職業：工場勤務

好きなインドネシア料理？ たくさんありすぎて選べないよ。サユール・アッサム(㊲)でしょ、ペペス・イカン(⑰)でしょ、ララップでしょ……。でも、どれか一品と言われたらやっぱりペスモール・イカン(⑱)。クミリを多めに使うと香り高い仕上がりになるので試してみて。それからうちの姉がとっても料理上手で、彼女の作るグライ・アヤム(④)やサンバル・ゴレン・ブンチス(㉗)は家族全員の大好物だったよ。

スワルノさん
出身地：バンドゥン（ジャワ島）
職業：研修生

家の周りに空芯菜がたくさん植わっていたので、採れたての空芯菜で作ったカンクン・シ・マナ・ラギ(㉓)が我が家の定番メニュー。それから、スンダ料理として有名なペペス・イカン(⑰)や、ジャワらしい甘辛いピーナッツソースで食べるサテ・マドゥラ(⑥)も好物。ちょっとしたおやつにはピサン・ゴレン(㊿)をお母さんがよく作ってくれましたね。今でもふと恋しくなる味です。

ベルダさん
出身地：スラバヤ（ジャワ島）
職業：事務員

私の好きな料理はサユール・アッサム（㊲）とクンタン・クリン・アッサム・マニス（㉔）。また、私の母親が中国系なので普段の食事では中華風の料理もよく食卓に上がりました。とくに忘れられないのが、バビ・チンジャン（豚の挽き肉）と卵を使い、塩コショウとにんにくで味つけをした料理。見た目はちょうど日本の茶碗蒸しのようで、ふんわりやわらかな食感がたまりません。

アルベルトゥスさん
出身地：ボヨラリ（ジャワ島）
職業：大学生／インドネシア語講師

一番の好物はペスモール・イカン（⑱）。でも、グライ・アヤム（④）やスプ・カレー・アヤム（㊵）など鶏肉を使った料理も捨てがたいですね。甘い物なら何と言ってもクルポン（㊽）。日本のお団子みたいなものです。もうひとつ、忘れられない「おふくろの味」がオポール・アヤム。鶏肉のココナッツミルク煮で、クリスマスや断食明けなどのお祝いのときに食べます。そうそう、甘辛く煮たタフ・バチェムも美味しかったなあ。

アイ・クスハヤティ先生
出身地：マラン（ジャワ島）
職業：インドネシア語講師

故郷マランではノート程の大きさのテンペにフォークで穴を開けたものを町のあちこちで乾かしている風景をよく見ます。これを斜め切りにして揚げたテンペ・ゴレン（㉞）に、トゥラシを加えたサンバル・バジャック（㊸）、クマンギの葉、きゅうりを添えて食べるともう最高！そうそう、我が家では普段ごはんを炊くときや入浴剤の代わりにもこぶみかんの葉を使っています。爽やかな香りでホッとするのよ。

イ・ワヤンさん
出身地：バリ島
職業：工場勤務

チャ・カンクン（㉑）やカンクン・シ・マナ・ラギ（㉓）など空芯菜を使った料理が大好き！アヤム・リチャ・リチャ（鶏肉のリチャ・リチャソースかけ）もいいなあ。バリの郷土料理なら何と言っても、丸ごとのアヒルをバナナの葉で蒸し焼きにしたベベック・ベトゥトゥ。バリではアヒルは「澄んだ水だけを飲み込み、泥を飲まない」ことから"聖なる動物"と見なされ、アヒル料理は儀式のお供え物にもなるんだ。

ラハマンさん
出身地：バリ島
職業：会社員

好物はアヤム・ゴレン（②）、イカン・ゴレン（揚げ魚）、ミー・ゴレン（㊶）など。油を使った料理が好きですね。それもかなり辛い味つけがお気に入り！日本でも奥さんに作ってもらったり自分で作ったりして頻繁に楽しんでいます。バリ島に帰郷する時は日本でなかなか食べられないサテ・カンビン（山羊肉のサテ）や屋台のバッソ（肉団子）入りスープに舌鼓。もちろん母の手料理も！

ドミニクス・バタオネ先生
出身地：フローレス島（ヌサ・トゥンガラ諸島）
職業：インドネシア語講師

基本的に私は和食党だけれど、インドネシア料理で好きなのはアチャール・クニン（⑳）、チョト・マカッサル（㊱）、テンペ・ゴレン（㉞）です。また、港町で育ったので子どものころからよく口にしていたのはクジラ肉。干した後にケロルの葉（マルンガイ／ワサビの木）、パパイアの葉、塩といっしょに茹でて食べます。炙ったエイ肉やエイのはらわたを塩辛にしたものもなじみ深いおかずでした。

アナスタシアさん
出身地：ランテパオ（スラウェシ島）
職業：主婦

私の好物はチャ・カンクン(21)とソト・アヤム(39)。どちらかというとさっぱりした味の料理が好きです。出身地に近いタナ・トラジャの名物は材料をクルワックで煮込んだ「パマラサン」。黒い見た目に驚くかもしれませんがおいしいですよ。それから、パピオンと呼ばれる、水牛、豚、鶏などのお肉を竹筒に入れて蒸し焼きにした料理もとても有名。現地に行かれることがあったらぜひ召し上がってみてください。

サンディさん
出身地：マカッサル（スラウェシ島）
職業：会社員

好きな料理はナシ・ゴレン・イスティメワ(42)とペスモール・イカン(18)！ 僕のお母さんはプルクデル・クンタン(26)などの定番メニューをちょっとずつアレンジして料理するのがとても得意。だから来日したての頃に「お母さんの味」がものすごく恋しくなってしまって、わざわざ実家に電話してレシピを聞き、自分でも台所に立つようになったんです。もちろん今でも料理は大好き！

ファリダ・イドリス・ノ先生
出身地：テルナテ（マルク諸島）
職業：インドネシア語講師

好物はチョト・マカッサル(36)やサユール・アッサム(37)です。それから家ではよくグダンガンという、茹で野菜をココナッツフレークなどで和えたものが食卓に上がっていました。これはなかなか日本では作れないのでとても懐かしい味ですね。また、私の故郷ではお米の代わりにサゴ椰子澱粉もよく食べます。焼いたばかりのものはふっくらとやわらかく、ついつい食べ過ぎてしまうほど美味なんですよ。

第2章
インドネシア料理を日本で作ろう

インドネシア料理の作り方を初心者にも分かりやすくナビゲート。まずは香辛料や石臼の入手と下ごしらえから始めましょう。自分で作ったナシゴレンやサテの味はまた格別！ぜひあなたの手で本場の味を再現してみてください。

マスターしたい基本作業

おいしいインドネシア料理を作るには丁寧な下ごしらえが必須！
基本手順をひとつずつ身につけよう。

●香辛料のすりつぶし方

細かく刻んだ材料をペースト状になるまで石臼で根気よくすりつぶす。唐辛子やバワン・メラなどがツルツル滑ってつぶしにくい時は塩を少し加えると良い。

すりつぶしやすいよう、あらかじめみじん切りに

すり棒と石臼をなるべく当てないように

トロリとなめらかになったら出来上がり

●唐辛子の種の除き方

唐辛子の中にある小さな種を取り除く。種の周りを触った手で目をこすったりすると跳び上がるほど痛いので、なるべく切り口を触らないように注意。

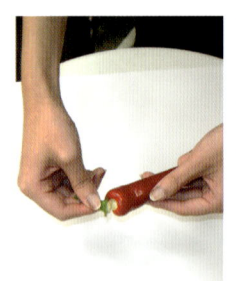

手で唐辛子のヘタを取る

縦にまっすぐ切り目を入れる

包丁の先を使い種をかき出す

●タマリンドの溶き方

ブロック状のタマリンドから所定の分量をちぎり、ぬるま湯を注いで指でエキスをもみ出す。これはタマリンド水と呼ばれ、料理の酸味づけに使われる。

適量を取り、3倍程度のぬるま湯を注ぐ

指で果肉をもんで、エキスを出す

果肉が全部溶けたら種などを捨てる

●レモングラスの下準備

レモングラスは葉を切り捨て、茎と根元の部分の香りがよく出るようにすり棒などでたたく。鍋の中でバラバラにならないようにひと結びしておくと良い。

根元は固いのでとくにていねいに叩く

全体をまんべんなく叩いて扱いやすく

キュッとひと結びして準備OK！

●香辛料の乾煎り

クミンシードやコリアンダーシードが入るときはフライパンで軽く乾煎りする。唐辛子など水分があるものを加える前につぶすと、きめ細かいパウダー状に。

軽く色づき、香りが出るまで乾煎りする

すり棒で上から静かに押さえるようにつぶす

細かいパウダー状になったら完成

●ココナッツミルクの溶き方

分量の湯を沸かし、ココナッツミルクの粉末をダマが出来ないようかき混ぜながら少量ずつ加える。ココナッツミルクで煮込むときは油が分離しないようにかき混ぜながら煮込む。

代わりに缶詰のココナッツミルクを使ってもよい

●トゥラシの炙り方

ブロック状のトゥラシから所定の分量を包丁で切り取り、フォークに突き刺して軽く焦げ目が付くまで直火で焼く。料理によっては揚げて使うこともある（生で食べることはない）。

フォークが熱くなるので注意しながら炙る

味の決め手となるハーブ、スパイス、調味料

インドネシア料理特有の辛みや旨み、香りや爽やかさを生み出すのがこれらスパイス類。自由に使いこなせればあなたもインドネシア料理マスター！

知れば知るほど奥深いスパイス＆ハーブの世界。
現地の人たちは巧みに組み合わせて様々な味や風味を作り上げている。
日本で栽培可能なものもあるので、庭やベランダで一鉢植えるのもおすすめ。

> アジア食材店での販売状況（2012年5月現在・東京）は下記のマークを参考に。
> 代用をなるべく避けて本物を使うのが本格的なおいしさを出すコツ！
> ●…入手可能
> ▲…入手困難

Cabai Besar
赤唐辛子

まろやかな辛さの唐辛子。品種や生産地によって辛さや香りが異なるため、味見をして分量を調節する。
●冷凍品／乾燥品が手に入る。乾燥品は水で戻す。季節により生も入手可能。

Cabai Rawit
キダチトウガラシ

小粒で大変辛いが鷹の爪よりも格段に旨みがある。プリッキーヌ（タイ語）。
●生／冷凍品が手に入る。沖縄産の島唐辛子も使える。

Cabai Hijau
青唐辛子

赤唐辛子の未熟果で赤唐辛子よりも辛い。爽やかな香りをもつ。
●生／冷凍品が手に入る。韓国食材店でもよく見かける。

Bawang Putih
にんにく

日本のものより小ぶりで香りがよい。料理やサンバルなど様々なものに使われる。
●日本のにんにくで代用できる。

Daun Salam
サラムの葉

インドネシア料理に欠かせない香りづけの葉。見た目はベイリーフのようだが香りは全く異なる。
▲少数ながら取扱店が存在。乾燥物も使用可能。なければ省く。

Bawang Merah
バワン・メラ

直径3〜4センチほどの紫色の玉ねぎ。「赤ワケギ」「シャロット」とも呼ばれる。
●生／冷凍品が手に入る。玉ねぎで代用できなくもない。

Daun Sereh
レモングラス

レモンに似た爽やかな芳香をもつハーブで、根元から茎までを使う。
●生／冷凍品が手に入る。乾物は香りが弱いため不向き。ベランダや庭で容易に栽培できる。

Daun Kunyit
ターメリックの葉

ターメリックの根茎に似た香りだがさらに爽やか。グライなどの香りづけに。
▲入手困難だが沖縄種でベランダ栽培が可能。乾燥物も使用できる。なければ省く。

Daun Jeruk Purut
こぶみかんの葉

柑橘系の爽やかな香りを料理につける。バイ・マックルー（タイ語）。
●生／冷凍品が手に入る。インターネットなどで苗が買えるので一鉢植えても。

Daun Pandan
パンダンの葉

ふんわりと優しい香りを菓子などにつける。バイ・トーイ（タイ語）。
●生／冷凍品／エッセンスが手に入る。

Daun Kemangi
クマンギの葉

バジルの一種でさっぱりと爽やかな芳香が特徴。生食もする。
▲稀に販売されているが傷みやすい。栽培するか、香りは異なるがスイートバジルで代用を。

Daun Seledri
スープセロリ

香りがよく、料理の仕上げに使うことが多い。芹菜（キンツァイ）。
●中華野菜店や大手スーパーで手に入る。代用するなら普通のセロリの葉で。栽培も容易。

Daun Pisang
バナナの葉

ほんのり爽やかな香りの大きな葉で、食材を包んで焼いたり蒸したりする。
●生／冷凍品が手に入る。アルミホイルで代用可能。庭などがあれば栽培も容易。

Asam Jawa
タマリンド

マメ科の木になる熟した実を固めたもので、料理にまろやかな酸味をつける。
●ブロック状／瓶詰めのペーストが手に入る。

Asam Muda
未熟なタマリンドの実

熟した実より甘みがなく酸っぱい。スープなどの酸味づけに使う。
●生／冷凍品が手に入る。

Asam Kandis
アッサム・カンディス

野性のマンゴスチンの一種で、果皮を乾燥させたものを酸味づけに使う。
▲入手困難。少数ながら取扱店が存在。タマリンドで代用する。

Lengkuas/Laos
大ガランガル／ランクアス

しょうがの一種だが香りはかなり異なる。カー（タイ語）。
●生／冷凍品が手に入る。

Kencur
小ガランガル／クンチュール

しょうがの一種だがこれも香りは異なる。
▲入手困難。インドネシアのスーパーではパウダーも販売。少数ながら冷凍品の取扱店が存在。なければ省く。

Kunyit
ターメリック／ウコン

料理に独特の香りと鮮やかな黄色をつける。
▲入手困難。栽培可能。沖縄産は苦みが強く色も薄いので不向き。パウダーは口触りが悪いが代用できる。

Jahe
しょうが

日本のものと同じ。インドネシアでは料理に多用される他、ジンジャーティーにも。
●日本のしょうがを使用。

Terasi Udang
トゥラシ

海老やアミから作った調味料で強い香り。炙ったり揚げたりしてからすりつぶす。火を入れなくても使える瓶入りのトゥラシ・クリン（右）は便利。
●入手可能。

Putis Udang
プティス・ウダン

海老や魚にわら灰と香辛料を入れて煮詰めた黒っぽい調味料。料理の旨みを出す。
▲入手困難。少数ながら取扱店が存在。なければ中華の蝦醤で。

Gula Merah
グラ・メラ／椰子砂糖

ヤシの花芽から集めた樹液を固めた砂糖。栄養豊富なため最近日本でも注目を浴びはじめた。黒砂糖とは味が異なる。
●入手可能。

Kemiri
クミリ／キャンドル・ナッツ

料理にコクを出すために使う木の実。
●入手可能。虫がつきやすいので冷蔵庫で保存すること。代用するならカシューナッツかマカダミアナッツで。

Tauco
タウチョ／中国味噌

発酵の浅い味噌で炒め物などに使う。
●入手可能。タイ産の物とほぼ同じなのでそれで良い。

Kecap Manis / Kecap Sedang
ケチャップ・マニス / ケチャップ・スダン

香辛料とグラ・メラの入った甘い醤油。ケチャップ・スダンは甘みをややおさえたもの。
●入手可能。タイ産の「シーユー・ダム」で代用できる。

Kecap Asing
ケチャップ・アシン

甘みがない醤油のような調味料。
●入手可能。

Santan
ココナッツミルク

ココナッツの固形胚乳から作られるミルク状の液体。煮込み料理などにまろやかな味と香りをつける。
●粉末／缶詰／テトラパックが手に入る。濃さを調節しやすいので粉末がお勧め。

Kelapa Parut
ココナッツフレーク

ココナッツの果肉を削ったもの。お菓子のトッピングなどに使われる。
●乾燥品が手に入る。湯で戻してから使う。

Jeruk
柑橘類

ジュルック・サンバル
ジュルック・プルット
ジュルック・ニピス

これら柑橘類を料理に絞り入れ、強い芳香と酸味をつける。
▲入手困難。栽培可能。香りは異なるがレモンやライムで代用できる。

Bawang Goreng
バワン・ゴレン

バワン・メラをみじん切りにして揚げたもの。いろいろな料理にふりかける。
●揚げたものが手に入る。フライド・オニオンも代用できる。

Merica/Lada
コショウ

完熟した実を乾燥させて表皮を取り除いたものが白コショウ、未熟な実を乾燥させたものが黒コショウ。黒コショウのほうが辛みも香りも強い。
●入手可能。

Ketumbar
コリアンダーシード

コリアンダー（香菜）の種子。爽やかでかすかに甘い香りをもつ。乾煎りしてからすりつぶす。現地ではコリアンダーの葉はあまり食べない。
●入手可能。虫がつきやすいので保存に注意。

Jintan クミンシード	**Cengkeh** クローブ／丁字	**Pala** ナツメグ／にくずく
細長い形をしたクミン（姫ウイキョウ）の種子。独特の強い芳香が料理を引き立てる。乾煎りしてからすりつぶす。 ●入手可能。	ピリッとした刺激的な甘い香りを持つ。料理やお菓子に使う他、現地では丁子入りのタバコも人気。強い消毒作用で知られるため虫歯に詰めることも。 ●入手可能。	甘い香りと消臭効果があり、肉料理によく使われる。 ●入手可能。パウダーが一般的だが種子をすり下ろして使うほうが香りが良い。
Kayu Manis シナモン／肉桂	**Pekak/Bunga Lawang** スターアニス／八角	**Kapulaga** カルダモン／しょうずく
甘くスパイシーな香りで、料理やお菓子に使われる。 ●入手可能。パウダーよりも樹皮を乾燥させたスティックのほうが香りが飛ばない。	名前の通り8つの角をもつスパイスで、中華系の料理に欠かせない。肉の臭み消しの他に鎮静効果もある。 ●入手可能。	豊かな香りをもち、カレー風味をつけるのに使われる。 ●入手可能。香りが飛びやすいので種皮のままのものを保存する。

アドバイスQ&A

インドネシア料理作りを始める前に知っておくべきポイントは？
みなさんの疑問をまとめて解決！

Q. 最初に何を準備すればいいのでしょう？

A. 一般的な調理器具と石臼、それに材料を揃えればすぐに調理開始できます。それぞれの入手方法は58〜60ページをご参考に。また、レシピのうち「石臼マーク」がないものは石臼なしで作れます。

Q. 手に入らない材料があるのですが。

A. レシピでは基本的に日本で入手可能な材料で作る料理を紹介していますが、季節やお店の入荷状況によって手に入らない食材があるかもしれません。また、サラムの葉やプテなど一部材料は入手経路が限られています。そんな時は無理に何かで代用せずに思い切って省いた方が本物の味に近くなります。

Q. 辛さは調節できますか？

A. 料理の味は辛み・甘み・酸味などのバランスが大切なので、最初はレシピ通りの分量で作るのがおすすめ。何度か作って味の感覚をつかんでから唐辛子の本数を調整してください。また、辛いのが苦手な人は「唐辛子マーク」のないレシピを選んでも。

Q. 取り扱いに注意すべき材料はありますか？

A. 唐辛子を切るときは実の内側や種がなるべく手に触れないように。じかに触ると後でヒリヒリ痛むことがあります。それからターメリックは衣類やまな板などにつくと色がなかなか取れません。これらを避けたい場合はゴム手袋やビニール袋などで手や調理器具を保護するとよいでしょう。

Q. 食器に関するアドバイスは？

A. 普段お使いの食器で充分ですが、パーティなど「ここぞ」という場面では、アジア雑貨店で売っている籠やお皿にバナナの葉（アジア食材店で入手可能）を敷くととても雰囲気が出ます。お花をさりげなく添えるのも素敵。また、ナイフとフォークではなくスプーンとフォークで食べるのがインドネシア流です。もちろん手食もOK。その場合はフィンガーボウルを用意しましょう。

■インドネシア食材の入手方法

日本国内にあるアジア食材店で気軽にハーブ＆スパイスを購入しよう。
近くにお店がない場合はインターネットやファクスで注文を。

国内各地にあるアジア食材店の中にはインドネシア食材を扱っているお店もある。下記は比較的品揃えのよいおすすめ店。ネット通販・ファクス通販が可能なところもあるのでぜひ活用してほしい。なお、手に入る食材の種類・入荷状況はお店や時期によって異なるため事前に電話やメールで確認しておくと安心。また、お店によってはタイ名・中国名などで呼ばれている食材もあるが、そんな場合は店員さんに52〜56ページの写真を見せながら尋ねるとスムーズ。
アジア食材店は小さな店舗が多く、最初は入るのにちょっぴりためらうかもしれないけれど、足を踏み入れてみるといかにも「アジア！」で楽しい空間。外国人スタッフも流暢な日本語を話す人がほとんどなので、ぜひ一度お買い物に行ってみて。

■アジアスーパーストア
新宿区大久保1-1-11 コントワール新宿ビル212号
TEL 03-3208-9199/9200
FAX 03-3208-9260
http://www.asia-superstore.com/ （ネット通販可）
営業時間：10:00〜23:00
定休日：年中無休（1/1〜3を除く）

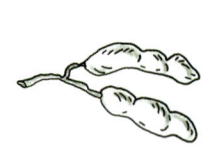

■東源商事
新宿区百人町1-19-18 慈恵ビル1F
TEL&FAX 03-3368-7870 （ファクス通販可）
http://toko-indonesia.org/
営業時間：11:00〜19:00
定休日：月曜日
※サラムの葉が購入でき、現地からの取り寄せ注文にも応じてくれる。

■日光商事
新宿区大久保1-15-12 横田ビル1F
TEL 03-3209-0320
営業時間：10:00〜24:00
定休日：年中無休

■あらい
台東区上野 4-7-8 アメ横センタービル B1
TEL&FAX 03-3833-5209（ファクス通販可）
TEL 03-3833-5205
営業時間：10:00 〜 19:00
定休日：第3水曜日

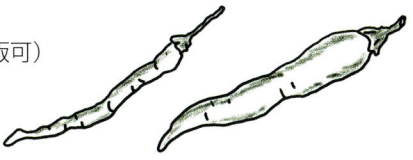

■むら珍
台東区上野 4-7-8 アメ横センタービル B1
TEL 03-3834-6666
FAX 03-3832-2760（ファクス通販可）
http://www.murachin.com/（ネット通販可）
営業時間：10:00 〜 20:00
定休日：第3水曜日

■野澤屋
台東区上野 4-7-8 アメ横センタービル B1
TEL&FAX 03-3833-5212（ファクス通販可）
http://www.nozawaya.com/（ネット通販可）
営業時間：10:00 〜 20:00
定休日：第3水曜日

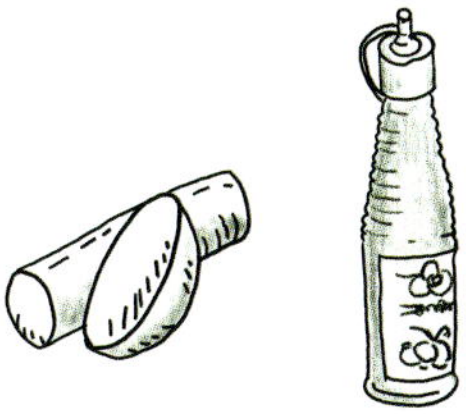

■ ASIA YAOSHO
墨田区錦糸 1-4-11
TEL 03-3621-8040
FAX 03-3621-8044
http://hirasyo.co.jp（ネット通販可）
営業時間：10:00 〜 17:00
定休日：1/1 〜 3

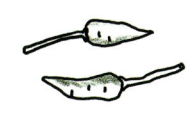

■南洋元
岐阜県大垣市上石津町一之瀬 1977-1（配送センター兼店舗）
TEL 0584-47-2086
FAX 0584-47-2087
http://www.nanyang.co.jp/（ネット通販可）
営業時間：平日 9:00-17:00　定休日：土日祝
※サラムの葉が購入できる。

■ Indonesia toko teratai
http://toko-teratai.ocnk.net/（ネット通販可）
E-mail:teratai_bali@yahoo.co.jp
SHOP: 近日オープン予定
※サラムの葉が購入できる。

（情報はすべて 2012 年 5 月現在）

■石臼の入手方法

インドネシアの台所に欠かせない、香辛料をすりつぶすための石臼とすりこぎが日本でもインターネットを通じて手に入るように！

本格的なインドネシア料理作りには石臼とすりこぎが必要。香辛料などを時間をかけてすりつぶした、なめらかなペースト状の調味料を使うからこそおいしい料理が生まれる。

石臼には円型のものと円筒型のものがあり、前者は一般的な香辛料などのすりつぶしに、後者はピーナッツなど周りに飛び散りやすいものを大まかに砕くのに適している。どちらか1つだけ手に入れるなら円型のもので、できるだけ大きなサイズのものが便利だ。

現地では石臼とすりこぎはセットになってパサールやショッピングセンターで売られている。選ぶコツは石臼をすりこぎで叩いてカンカンと高い音が出るものが硬くて良質な石を使っているもの。砂を固めて作ったまがい物もあるので注意が必要だ。こういう粗悪な石臼を使うと香辛料をすりつぶした時に砂を噛まされることになる。

最近は日本でもネット通販で石臼とすりこぎのセットが安価に手に入るようになった。ぜひ手に入れて「本物」のインドネシア料理を作ってみよう。

「バリ de 雑貨」
http://bali-zakka.com/（ネット通販）
TEL 047-411-7442　FAX 047-411-7443
定休日：土日祝
※大きめで良質の石臼が手に入る。

「アジア・アフリカ雑貨ワヤントニの店」
http://wayantony.x0.com/（ネット通販）
TEL 078-241-1307　FAX 078-241-1335
定休日：火木金日
※小ぶりの石臼が手に入る。

（情報はすべて2012年5月現在）

●すりつぶしの時間が充分取れない場合
途中までフードプロセッサーで、最後の仕上げだけ石臼で丁寧に。

●石臼が手に入らない場合
途中までフードプロセッサーで、最後の仕上げを日本のすり鉢とすりこぎで。また、インドネシアの石臼の代わりにタイの円筒型の石臼（58ページの「アジアスーパーストア」などで販売）を使っても。

新しい石臼を購入したら

そのまま使うと砂が出るので注意！

ピーナッツやココナッツフレークを石臼に入れる

すりこぎを使ってよくすりつぶす

お湯を注いでさらにすりつぶす

水が黒っぽくなったら捨てる。これで完成！

「家庭で作る本格レシピ50選」一覧

定番料理から地方料理、デザート、ドリンクにいたるまで、「日本で手に入る材料で作る」厳選50品を一挙公開！ 中には榎本直子オリジナルレシピも。

本格的なインドネシア料理が日本でもおいしく作れます。普段の食事はもちろんパーティメニューなどに活用して、ぜひあなたの料理のレパートリーを広げてみてください。好奇心旺盛な方なら時間をかけて全品コンプリートにも挑戦。なお、インドネシア料理は作るのに時間がかかることや少ない分量では調理しづらいことが多いため、材料は8〜10人分を目安にしています。

リストを見ながら何を作りたいか決まったら、さあ、いよいよインドネシア料理作りを始めましょう。詳しい作り方は71ページ以降でご案内しています。最後に入れるスパイスは「おいしいものを作りたい」というあなたの気持ちです！

- 🌱：初心者向けで、比較的手軽に作れる
- 🦐：香辛料のすりつぶしが必要（数が多いほどすりつぶしが大変）
- 🌶：サンバルをつけない場合の辛さ（数が多いほど辛い）

❶ マドゥラの鶏のあぶり焼き
Ayam Bakar Madura（マドゥラ料理）

ごはんもビールもついつい進む、カリッとスパイシーな鶏のあぶり焼き。骨つきなら気取らず手づかみでほおばってみて。

❷ バンドゥンの鶏の唐揚げ
Ayam Goreng Bandung（スンダ料理）

学園都市バンドゥンの名物料理。辛みがなくどなたにも愛される味です。ていねいに煮込んで味をしみ込ませるのがコツ。

❸ スパイシーローストチキン
Ayam Panggang

オーブンでこんがりと焼き上げるスパイシーな鶏の丸焼きは、クリスマスやパーティにぴったりの豪華メニュー。

❹ 鶏のココナッツミルク煮ターメリック風味
Gulai Ayam（パダン料理）

汁がトロリとするまでていねいに煮つめたカレー風の料理で、ごはんによく合います。ココナッツミルクのまろやかな風味も楽しんで。

61

⑤ 鶏肉と鶏モツのペペス
Pepes Ayam（スンダ料理）

スンダ地方の代表料理で、市場やスーパーでも販売されています。煮込んだだけでも美味なのに、さらに香草を入れてバナナの葉で包み焼きする香り高い一品。

⑥ マドゥラのサテ
Sate Madura（マドゥラ料理）

マドゥラ名物ですが各地で食べることのできる、とてもポピュラーなサテです。薄皮ごとすりつぶしたピーナッツが香ばしい。

⑦ 鶏肉のサテ
Sate Tambulinas（中央スラウェシ料理）

前日から仕込んでおけるお手軽さと爽やかな辛さが魅力のサテ。初めてのサテ作りにもおすすめです！

⑧ 牛肉と野菜の酸味煮込み
Asem-asem

野菜たっぷりでバランスの取れた一品。タマリンドの爽やかな酸味が食欲をそそります。豪快にご飯にぶっかけて召し上がれ！

⑨ 牛肉とじゃがいものカレー
Kare Daging Sapi

香り高いスパイス＆ハーブをたっぷりと使ったインドネシア版"肉じゃが"。まろやかな辛みでごはんが進みます。

⑩ マルタバッ
Martabak

インドネシア人も日本人も大好きなスナック。現地ではあちこちで屋台が見られます。おつまみとしてビールにもピッタリ。

⓫ バリの挽き肉サテ
Sate Be Sampi（バリ料理）

バリのお祝い事や儀式に欠かせない料理。挽き肉にスパイスをたっぷり混ぜ込んでおくため、口にしたときの香ばしさは格別！

⓬ 海老のかき揚げ
Bakwan Udang

カラッと揚がった海老の香ばしさが食欲をそそる一品。お酒のおともにもぴったり！お好みでサンバルを付けて召し上がれ。

⓭ じゃこのかき揚げ
Bakwan Teri

一見すると日本の天ぷらそっくり。でもただようスパイスの香りはインドネシア！ついついビールが進む一品です。

⓮ バリのスパイシー揚げ魚
Ikan Bumbu Bali（バリ料理）

揚げたての魚にスパイスたっぷりの風味豊かなソースをからめます。使用する魚はマナガツオ、サワラ、タイなどがベスト。

⓯ 揚げ魚のリチャ・リチャソースかけ
Ikan Rica-rica（北スラウェシ料理）

"リチャ"は辛いという意味の北スラウェシの言葉。その名の通り辛さたっぷりのソースは一度食べたらやみつきになる美味しさです。

⓰ ヒイカと新じゃがのカレー
Kari Cumi Zamrut

ヒイカ（小イカ）とじゃがいもを丸ごとコトコトと煮込んだカレー。青唐辛子の効いた刺激的な味わいがクセになります。

17 魚のペペス
Pepes Ikan（スンダ料理）

たっぷりのスパイス＆ハーブで味つけした魚を包み焼きに。バナナの葉を開いたときにふわっと広がる香りがたまらない、魚好きには見逃せない一品。

18 魚のペスモールソース煮
Pesmol Ikan（ジャカルタ料理）

スパイシーで爽やかな香りが魅力のペスモール・イカン。"我が家の人気メニュー"になること間違いなしの、ごはんが進む一品です。

19 海老の酸味スープ煮
Udang Asam Pedas（中央カリマンタン料理）

海老をたっぷり使った豪華メニュー。タマリンドの穏やかな酸味と唐辛子の辛みが効いた印象的な味わいです。

20 ターメリック風味のアチャール
Acar Kuning

野菜とスパイスの色彩が鮮やかなヘルシー料理。日持ちするのでたくさん作っておきましょう。

21 空芯菜炒め
Cah Kangkung

インドネシア人が大好きな空芯菜の炒め物。シャキシャキした食感を残すために、強火でサッと炒めるのが美味しく仕上げるコツ。

22 ガド・ガド（茹で野菜のピーナッツソース和え）
Gado-gado（ジャカルタ料理）

インドネシアの定番料理のひとつ。手間ひまかけて作る絶品のピーナッツソースで和えた温野菜をたっぷり召し上がれ。

23 空芯菜のスパイス炒め
Kangkung Si Mana Lagi

みんなが大好きな空芯菜のイチバン美味しい食べ方はコレ。空芯菜を食べすぎると眠くなると言われていますが、真偽のほどは!?

24 じゃこ・ピーナッツ・ポテトの煎り煮
Kentang Kering Asam Manis

インドネシアでは佃煮のような存在。時間があるときにまとめて作っておき、常備菜として毎日のテーブルに並べてみて。

25 なすとにがうりの卵炒め
Ihutilinanga

なすとにがうりがたっぷり食べられる、夏の食卓にぴったりの一品。溶き卵とココナッツミルクで味にやわらかな深みが出ています。

26 じゃがいものプルクデル
Perkedel Kentang

日本のコロッケより小さめの、素朴で可愛いらしいインドネシアン・コロッケ。スープの中に入れて食べるのがインドネシア流。

27 いんげんと砂肝の炒め煮
Sambal Goreng Buncis

野菜たっぷりでヘルシーなサンバルの炒め煮。いんげんのシャキシャキ感と砂肝のコリコリ感がやみつきになるお総菜。

28 にがうりのココナッツミルク煮
Rendang Pare

健康野菜として人気のゴーヤー、たまにはこんな食べ方で。鮮やかな緑と赤の色合いが夏の食卓にぴったりです。

65

29 卵のココナッツミルク煮
Rendang Telur（パダン料理）

時間をかけて煮込み、しっかりとソースの味をしみ込ませた卵のルンダン。大小の鶏とウズラの卵を入れて見た目もキュートに！

30 豆腐入り卵焼き
Tahu Telur（中央ジャワ料理）

ふんわりとした豆腐の食感が楽しめる卵焼き。ピーナッツ入りの香ばしいサンバルをかけて召し上がれ。

31 揚げ卵のバラドソース煮
Telur Balado（北スマトラ料理）

鮮やかな赤色のチリソースをからめた卵料理。ごはんにもビールにもぴったりのスパイシーな一品です！

32 揚げ豆腐
Tahu Gejrot（西ジャワ料理）

西ジャワにあるチレボンの名物料理。辛くて甘くてちょっぴり酸っぱいという不思議な味わいで、食べる人たちを虜にします。

33 豆腐の肉詰めサンバル添え
Tahu Isi（中央／東ジャワ料理）

たっぷりと詰め物をしたアツアツの揚げ豆腐はごはんにもお酒にもぴったり。サンバルをつけて食べればさらに美味しさアップ！

34 揚げテンペ
Tempe Goreng

健康食品として日本でも知名度を上げつつあるテンペは、素朴ながら滋養あふれる味わいです。カラリと揚げて気軽につまんでみて。

35 テンペのじゃこサンバル炒め
Sambal Goreng Tempe（オリジナル料理）

じゃこのサンバルに揚げたテンペをからめた本書オリジナルレシピ。サクサクとした食感とコクのある味わいがたまりません。

36 マカッサルのソト
Coto Makassar（南スラウェシ料理）

じっくり煮込んだ旨みたっぷりの臓物スープは港町マカッサルの名物料理。サンバル・チョトを入れて食べるとさらに美味！

37 タマリンド入り野菜スープ
Sayur Asam（ジャカルタ料理）

インドネシアの"味噌汁"とも言えるほどポピュラーなスープ。ピーナッツの香りと爽やかな酸味が食欲をそそります。

38 バラ肉とハヤトウリの煮込み
Sayur Labu Segar

あっさりした味わいの中に豊かなコクをもつ煮込み料理。まったく辛みのない、万人向けの美味しさです。

39 鶏肉のソト
Soto Ayam

各地方にそれぞれのソト・アヤムがあり、ファンの多い定番インドネシア料理のひとつ。お好みの具を自分の器に入れ、熱々のスープを注いで召し上がれ！

40 チキンカレースープ
Sup Kare Ayam

ターメリックの風味豊かなカレースープ。爽やかなスパイスがたっぷりで、ちょっぴり食欲がないときでも元気になれる味です。

41 ジャワのミー・ゴレン
Mie Goreng Jawa（中央ジャワ料理）

具がたっぷりのインドネシア版"焼きそば"。辛いのが苦手な人や子どもにも人気の定番料理です。現地ではご飯のおかずとして食べます。

42 ナシ・ゴレン・スペシャル
Nasi Goreng Istimewa

日本でもすっかりおなじみのナシ・ゴレン。インドネシアでは半熟卵ではなく、たっぷりの油で揚げた固焼き卵をトッピング！

43 サンバル・バジャック
Sambal Bajak

トマトを入れた爽やかな風味のサンバル。"海賊のサンバル"という名は「お米泥棒なほどの美味しさ」から付けられたものだとか！

44 サンバル・トゥラシ
Sambal Terasi（パダン料理）

小エビの発酵調味料"トゥラシ"を入れた、インドネシアで最もポピュラーなサンバル。どんな料理にも合うので作っておくと重宝します。

45 枝豆サンバル
Sambal Kedelai Muda（オリジナル料理）

サッパリした味わいが魅力の本書オリジナルサンバル。ほくほくの茹で新じゃがや、焼いたチキン・お魚のディップとして使ってみて。

46 トマトジュース
Es Sari Buah Tomat

トマト・ハチミツ・レモンがあればすぐに作れるお手軽ドリンク。爽やかな甘みを楽しんで。

47 アボカドジュース
Jus Adpokat

ミキサーで簡単にできる美味しくて栄養たっぷりのジュース。飲み口は意外とすっきりしています。

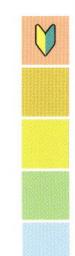

48 クルポン
Klepon（ジャワ料理）

一口でポンと食べられるインドネシアのお団子。もちもちした皮の中には素朴な甘さのグラ・メラが入っています。

49 さつまいものココナッツ汁粉
Kolak Ubi

温かくても冷たくしても美味しい癒しのデザート。香り高いパンダンの葉を使い、いっそう風味豊かな仕上がり。

50 揚げバナナ
Pisang Goreng

みんなが大好きなおやつのピサン・ゴレン。衣にココナッツミルクを使うため香り豊かな南国テイストが楽しめます。

インドネシア料理教室「Selera Klub」
スレラ　クラブ

榎本直子が20年間続けている月に一度の料理教室。
「皆で楽しく作ってみたい！」という方はこちらへどうぞ。

　インドネシア料理に興味をもつ仲間たちと調理＆試食が気軽に体験できるのが「Selera Klub」。東京・品川区で1992年からほぼ毎月行なわれており、2012年5月現在、第227回を記録しています。

　教室では本書の著者・榎本直子がイチからインドネシア料理の作り方を伝授。もちろん石臼などの調理器具や材料もすべて用意されています。インドネシア料理作りが初めての方はもちろん、普段キッチンに立たない方、そもそもインドネシア料理を口にしたことがないという方も大歓迎！

　また、教室が終わった後はお茶やお酒を楽しみながらインドネシア談義やおいしいもの談義に花を咲かせることもしばしば。まじめに料理を勉強するもよし、サークル気分で交流を楽しむもよし。気軽にご参加いただけることを願っています。

「Selera Klub」URL = http://www5.ocn.ne.jp/~selera/

家庭で作る本格レシピ50選

インドネシア料理家・榎本直子の厳選レシピを公開！
日本で手に入る食材で本格的なおいしさが再現できます。

みんなが大好きな空芯菜のイチバン美味しい食べ方はコレ。空芯菜を食べすぎると眠くなると言われていますが、真偽のほどは!?

写真撮影
W---渡辺直樹
E---榎本直子
M---村上百合

E

作りやすさや辛さが一目瞭然！
若葉：初心者向き／石臼：すりつぶし有り／唐辛子：数が多いほど辛い

それでは材料を準備してお料理スタート！

23 空芯菜のスパイス炒め Kangkung Si Mana Lagi

■材料：約6〜7人分

空芯菜	400g	
トマト	2個	＊皮をむき、串切り
ランクアス	2cm	＊軽くたたく
サラムの葉	2枚	
水	適量	
ガラスープの素	適量	＊好みで
炒め油	大さじ3	

【すりつぶしておく香辛料】

赤唐辛子	5本	＊種は捨てる
バワン・メラ	7個	
にんにく	3片	
トゥラシ	小さじ1	＊軽く炙っておく
クミリ	4粒	
グラ・メラ	少々	
塩	適量	

1. 空芯菜は4〜5cmに切り、葉と茎の部分を別々にしておく。
2. 鍋に油を熱し、すりつぶした香辛料を香りが出るまで炒める。
3. サラムの葉、ランクアスを加え、トマトを入れる。
4. 空芯菜（茎、葉の順に）を加え、手早く炒め、ガラスープの素（好みで）を入れる。
5. 水を少し加え、煮立ったら出来上がり。

※空芯菜は収穫してから時間が経つと固くなるので新鮮なものを選ぼう。栽培も簡単なので挑戦してみて。

野菜料理

メイン食材から選べる　　　料理のコツやアレンジ方法も丸分かり

SURYA

ごはんもビールもついつい進む、カリッとスパイシーな鶏のあぶり焼き。骨つきなら気取らず手づかみでほおばってみて。

① マドゥラの鶏のあぶり焼き Ayam Bakar Madura

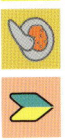

■材料：約8人分

鶏モモ肉	6本	＊軽く塩をふっておく
ココナッツミルク	湯200cc：粉60g	＊湯で溶いておく
タマリンド水	大さじ1	
砂糖	大さじ2	
塩	適量	
付け合わせ生野菜	適量	

【すりつぶしておく香辛料】

赤唐辛子	10本	＊種は捨てる
にんにく	4片	

1 鶏モモ肉を250度のオーブンに入れ、きつね色になり、水分が蒸発してカラッとするまで焼く。

2 溶いたココナッツミルクにすりつぶした赤唐辛子とにんにくを入れて火にかけ、かき混ぜながら、汁がトロッとして赤くなるまで煮詰める。

3 タマリンド水、砂糖、塩で味付けする。

4 焼いた鶏モモ肉に、3のソース半量を片面にたっぷり塗り、再びオーブンで焼く。

5 軽く焼き色が付いたらひっくり返し、ソースの残りを塗り、再び焼き色が付くまで焼く。

※ソースは冷凍保存できるので多めに作っておこう。

鶏肉料理

学園都市バンドゥンの名物料理。辛みがなくどなたにも愛される味です。ていねいに煮込んで味をしみ込ませるのがコツ。

❷ バンドゥンの鶏の唐揚げ Ayam Goreng Bandung

■材料：約8人分

鶏肉 ———————— 1羽（1kg）
ココナッツミルク ——— 湯600cc：粉60g ＊湯で溶いておく
レモングラス ————— 1本
ランクアス —————— 5cm ＊ただいて結ぶ
サラムの葉 —————— 3枚
こぶみかんの葉 ———— 3枚 ＊軽くただく
ガラスープの素 ———— 適量 ＊好みで
塩 —————————— 適量
コショウ ——————— 少々
炒め油／揚げ油 ———— 適量

【すりつぶしておく香辛料】
バワン・メラ ————— 6個
にんにく ——————— 3片
生ターメリック ———— 4cm
クミリ ———————— 8粒

1 鶏肉は食べやすい大きさに切り、塩とコショウをふっておく。

2 鍋に油を熱し、すりつぶした香辛料を香りが出るまで炒め、レモングラス、ランクアス、サラムの葉、こぶみかんの葉を加え、更に炒める。

3 鶏肉と湯で溶いたココナッツミルクを加え、塩、コショウ、ガラスープの素（好みで）で味付けし、かき混ぜながらトロッとして汁気がほとんどなくなるまで、（最初は中火で、水分が少なくなったら弱火で）煮込む。

4 3の鶏肉を取り出し、180度の油でカラリと揚げる。

※多めに作った場合、3の段階で冷凍保存できる。
※好みでサンバルを添えても。

鶏肉料理

オーブンでこんがりと焼き上げるスパイシーな鶏の丸焼きは、クリスマスやパーティにぴったりの豪華メニュー。

❸ スパイシーローストチキン Ayam Panggang

■ 材料：約10人分

鶏肉 -------- 1kg (1羽)
にんにく -------- 2片　　＊すりおろす
タマリンド水 -------- 大さじ2
ココナッツミルク -------- 湯400cc：粉60g　＊湯で溶いておく
トマト (小) -------- 3個　　＊皮をむき、ざく切り
炒め油 -------- 大さじ3
塩 -------- 適量

【すりつぶしておく香辛料】
コリアンダーシード -------- 小さじ1　＊乾煎りする
粒コショウ -------- 小さじ1　＊乾煎りする
バワン・メラ -------- 8個
にんにく -------- 2片
赤唐辛子 -------- 6本　　＊種は捨てる
チャベ・ラウィット -------- 5本　＊種は捨てる
ターメリック -------- 3cm
ランクアス -------- 2cm
クミリ -------- 10粒
砂糖 -------- 少々
塩 -------- 適量

1 鶏肉ににんにく、タマリンド水、塩を塗りつけ、10〜15分置いておく。

2 1をオーブンで色が付くまで半焼きにし、取り出しておく。

3 鍋に油を熱し、すりつぶした香辛料を香りが出るまで炒め、トマトを入れて更に炒め、ココナッツミルクを加えて煮込み、トロリとするまで煮つめる。

4 焼いた鶏に3のソースの2/3を塗りつけ、再度オーブンで焼く。

5 鶏肉に火が通ったら、皿に盛りつけ、残りのソースをかける。

※オーブンの機種や鶏の大きさによって時間がまちまちなので様子を見ながら焼こう。
例として、
ガスオーブン…予熱20分、表1 2〜13分、裏返して10分ほど焼く。ソースを塗って裏表をそれぞれ10分ほど焼く。
電気オーブン…予熱250℃10分、裏表をそれぞれ15分ほど焼く。ソースを塗って裏表をそれぞれ約15分焼く。

鶏肉料理

汁がトロリとするまでていねいに煮つめたカレー風の料理で、ごはんによく合います。ココナッツミルクのまろやかな風味も楽しんで。

❹ 鶏のココナッツミルク煮ターメリック風味 Gulai Ayam

■材料：約8人分

鶏肉（骨付きブツ切り）	800g
ココナッツミルク	湯1ℓ：粉120g ＊湯で溶いておく
ターメリックの葉	1枚 ＊結ぶ
こぶみかんの葉	4枚
レモングラス	1本 ＊たたいて結ぶ
砂糖	少々
ガラスープの素	適量 ＊好みで

【すりつぶしておく香辛料】

赤唐辛子	6本 ＊種は捨てる
にんにく	2片
バワン・メラ	4個
しょうが	2cm
ターメリック	2cm
塩	適量

1 鍋で湯を沸かしてココナッツミルクを溶き、すりつぶした香辛料、ターメリックの葉、こぶみかんの葉、レモングラスを入れて10分ほど弱火で煮る。

2 鶏肉を加え、砂糖、ガラスープの素（好みで）で味を調え、かき混ぜながら汁がトロリとするまで煮る。

※地方によっては材料を炒めてから煮込むことも。
※なすやいんげんなどの野菜を加えても美味しい。

鶏肉料理

スンダ地方の代表的な料理で、市場やスーパーでも販売されています。煮込んだだけでも美味なのに、さらに香草を入れてバナナの葉で包み焼きをする香り高い一品。

5 鶏肉と鶏モツのペペス Pepes Ayam

■材料：約8人分

鶏モモ肉	500g	＊1.5cm角位に切る
砂胆	130g	＊厚さ1cm位に切る
鶏レバー	130g	＊血抜きして厚さ1cm位に切る
ココナッツミルク	湯300cc：粉60g	
レモングラス	2本	＊湯で溶いておく
サラムの葉	3枚	＊たたいて結ぶ
クマンギの葉	適宜	
こぶみかんの葉	3枚	
塩	適量	
砂糖	小さじ1	
タマリンド水	大さじ1	
ガラスープの素	適量	＊好みで
炒め油	適量	
バナナの葉	適量	
爪楊枝	適量	

【すりつぶしておく香辛料】

コリアンダーシード	小さじ1	＊乾煎りする
クミンシード	小さじ1/2	＊乾煎りする
バワン・メラ	10個	
にんにく	4片	
ランクアス	2cm	
トゥラシ	小さじ1/2	
クミリ	6粒	＊炙る

1 鶏レバーはボウルに入れ、流水で血抜きする。

2 すりつぶした香辛料を香りが出るまで炒め、鶏肉、砂胆、レバーと、レモングラス、サラムの葉、こぶみかんの葉を入れ、よく炒める。

3 ココナッツミルクを注ぎ、沸騰したら、塩、砂糖、タマリンド水、ガラスープの素（好みで）で味を調え、汁気がなくなるまでかき混ぜながら煮込む。

4 バナナの葉を適当な大きさに切り、細長い形になるように葉の上に3をのせ、クマンギの葉を入れて包み、爪楊枝/ホチキスでとめる。

5 炭火、またはガスで焼く。

※バナナの葉がないときは香りは付かないがアルミホイルで代用する。
※4までを冷凍しておいて食べたい分だけ焼いてもよい。

鶏肉料理

マドゥラ名物ですが各地で食べることのできる、とてもポピュラーなサテーです。薄皮ごとすりつぶしたピーナッツが香ばしい。

6 マドゥラのサテ Sate Madura

■ 材料：約10人分

鶏モモ肉	800g
レモン汁	1/2個分
ケチャップ・マニス	大さじ2
焼き鳥用の串	適量

【すりつぶしておく香辛料】

赤唐辛子	2本	＊種は捨てる
バワン・メラ	4個	
にんにく	2片	
こぶみかんの葉	4枚	
生ピーナッツ（薄皮付き）	100g	＊表面がわずかに色づくまで揚げる
クミリ	8粒	＊表面がわずかに色づくまで揚げる
塩	少々	
熱湯	適量	

1 鶏肉を一口大に切り、串に4〜5個ずつ刺し、軽く塩をふっておく。

2 全ての香辛料をすりつぶし、熱湯を少しずつ加えながら、トロッとするまで根気よく混ぜる。

3 1を炭火で焼き、皿に盛り、2のソースをかけ、ケチャップ・マニス、レモン汁をかける。

※ **2**のソース作りはかなり大変な作業だが根気よく！

鶏肉料理

M

前日から仕込んでおけるお手軽さと爽やかな辛さが魅力のサテ。初めてのサテ作りにもおすすめです！

7 鶏肉のサテ Sate Tambulinas

■材料：約5〜6人分

鶏モモ肉	500g	*1.5cm×1.5cmに切る
ココナッツオイル/サラダ油	大さじ2	
レモン汁	大さじ3	
こぶみかんの葉	8〜10枚	*みじん切り
焼き鳥用の串	適量	

【すりつぶしておく香辛料】

赤唐辛子	4本	*種は捨てる
チャベ・ラウィット	10本	*種は捨てる
バワン・メラ	8個	
しょうが	20g	
塩	大さじ1	

1 すりつぶした香辛料、みじん切りにしたこぶみかんの葉、油、レモン汁をよく混ぜ、切った鶏肉を30分以上浸ける。

2 鶏肉を串に刺し、残ったすりつぶし香辛料を塗りながら炭火またはガスで焼く。

※豚肉でも美味しい。
※漬け込んで密封容器に入れ冷蔵庫に入れておけば2〜3日保存可能。冷凍もできる。

野菜たっぷりでバランスの取れた一品。タマリンドの爽やかな酸味が食欲をそそります。豪快にご飯にぶっかけて召し上がれ！

⑧ 牛肉と野菜の酸味煮込み Asem-asem

■ 材料：約10人分

牛筋/牛切り落とし肉	500g	＊柔らかくなるまで茹でる
ウズラの卵	20個	＊茹でて皮をむく
トマト	2個	＊皮をむき、くし切り
いんげん	250g	＊3〜4cmに切る
にんじん	1本	＊拍子切り
ヤングコーン	10本	＊縦に2つ割り
青唐辛子/ししとう	10本	＊縦に2つ割り
赤唐辛子	5本	＊種を捨て、ザク切り
バワン・メラ	6個	＊みじん切り
にんにく	3片	＊みじん切り
ランクアス	2cm	＊軽くたたく
サラムの葉	2枚	
タマリンド水	大さじ1	
グラ・メラ	少々	
ガラスープの素	適量	＊好みで
塩	適量	
炒め油	大さじ3	
水	適量	

1 鍋に油を熱し、バワン・メラ、にんにくを焦がさないように炒め、ランクアス、サラムの葉を加え、香りが出るまで炒める。

2 牛肉を加え色が変わるまで炒め、肉が浸るくらいの水を加え沸騰するまで煮る。

3 沸騰したら赤唐辛子、タマリンド水、グラ・メラ、ガラスープの素（好みで）、塩で味を調える。

4 野菜類すべてとウズラの卵を加え、中火で味がしみるまで煮る。

※しめじなどのキノコ類を入れても美味しい。

牛肉料理

香り高いスパイス&ハーブをたっぷりと使ったインドネシア版"肉じゃが"。まろやかな辛みでごはんが進みます。

❾ 牛肉とじゃがいものカレー Kare Daging Sapi

■材料：約6〜7人分

牛肉（薄切り）	300g	
じゃがいも	3個	＊一口大に切る
クローブ（粒）	4個	
カルダモン（粒）	4個	
ランクアス	3cm	＊軽くたたく
レモングラス	1本	＊たたいて結ぶ
サラムの葉	4枚	
ココナッツミルク	湯250cc：粉30g	＊湯で溶いておく
ガラスープの素	適量	＊好みで
塩	適量	
コショウ	少々	
炒め油	適量	

【すりつぶしておく香辛料】

コリアンダーシード	小さじ1/4	＊乾煎りする
クミンシード	小さじ1/4	＊乾煎りする
赤唐辛子	6本	＊種は捨てる
バワン・メラー	5個	
にんにく	4片	
ターメリック	4cm	
クミリ	3粒	

1 鍋に油を熱し、すりつぶした香辛料、レモングラス、ランクアスを香りが出るまで炒める。

2 牛肉、クローブ、カルダモン、サラムの葉を加え、塩、コショウをふる。

3 ココナッツミルクを注ぎ、沸騰したらガラスープの素（好みで）を加え、かき混ぜながら煮る。

4 肉が半煮えになったら、じゃがいもを加え、柔らかくなるまで煮込む。

牛肉料理

インドネシア人も日本人も大好きなスナック。現地ではあちこちで屋台が見られます。おつまみとしてビールにもピッタリ。

10 マルタバッ Martabak

■材料：約8人分

春巻きの皮	10〜12枚
炒め油	大さじ3〜4

《具》

卵	5個	
挽き肉（ヤギ／牛／合挽き）	200g	
玉ねぎ（小）	1個	*みじん切り
にんにく	1片	*みじん切り
ワケギ	3〜4本	*薄切り
スープセロリ	1本	*荒みじん
炒め油	大さじ1	

[すりつぶしておく香辛料]

コリアンダーシード	小さじ1	*乾煎りをする
クミンシード	小さじ1/2	*乾煎りをする
アニスシード	小さじ1/4	
粒コショウ	小さじ1	
塩	小さじ1	

《ソース》

酢	大さじ3
ケチャップ・マニス	大さじ3
玉ねぎ（みじん切りにしたもの）	大さじ2
砂糖	大さじ1
塩	小さじ1/2
水	100cc

1 先にソースを作っておく。酢を沸騰させ、冷めたらソースの材料を全て入れてよく混ぜる。

2 中身を作る。鍋に油を熱し、にんにくが色づくまで炒め、すりつぶした香辛料を入れ、更に挽き肉を加え、肉がバラバラになるまで炒める。

3 2が冷めたら、玉ねぎ、ワケギ、スープセロリ、卵を割り入れ、よく混ぜる。

4 春巻きの皮を2枚ずつはがし、多めの油を入れたフライパンで焼く。

5 半焼けになったら中身を入れ、焼きながら中身を四角く包み、裏返す。

6 油を切り、食べやすい大きさに切る（ソースは好みでかけても別皿で添えても）。

※春巻きの皮は2枚重ねのほうがパリッと仕上がる。
※あまった具はオムレツにもできる。
※サンバル・バジャックともよく合う。

牛肉料理

バリのお祝い事や儀式に欠かせない料理。挽き肉にスパイスをたっぷり混ぜ込んでおくため、口にしたときの香ばしさは格別！

11 バリの挽き肉サテ Sate Be Sampi

■ 材料：約8人分

挽き肉（牛/鶏/豚）	500g
ココナッツフレーク（細）	大さじ4
バワン・ゴレン	小さじ2
竹串	適量

【すりつぶしておく香辛料】

コリアンダーシード	小さじ1/2	*乾煎りする
クミンシード	小さじ1/3	*乾煎りする
トゥラシ	小さじ1/2	*炙る
バワン・メラ	6個	
にんにく	3片	
赤唐辛子	4本	*種は捨てる
ターメリック	2cm	
しょうが	1cm	
粒コショウ	少々	
砂糖	小さじ1	
塩	適量	

1 挽き肉とすりつぶした香辛料をよく混ぜ、更にバワン・ゴレン、ココナッツフレークを混ぜ、冷蔵庫に30分以上寝かせておく。

2 竹串に均等になるように1をつける（火が通りやすいように薄めに付ける）。

3 炭火またはガスで火が通るまで焼く。

※鶏挽き肉、豚挽き肉でも美味しい。

牛肉料理

カラッと揚がった海老の香ばしさが食欲をそそる一品。お酒のおともにもぴったり！お好みでサンバルを付けて召し上がれ。

12 海老のかき揚げ Bakwan Udang

■材料：約6人分

海老 ---------- 150g　＊殻と背ワタを取る
もやし ---------- 1袋　＊ヒゲを取る
万能ネギ/ワケギ ---------- 適量　＊小口切り
揚げ油 ---------- 適量

《衣の材料》

卵 ---------- 3個
小麦粉 ---------- 180g
ベーキングパウダー ---------- 小さじ1/3
ココナッツミルク ---------- 湯200cc：粉30g　＊湯で溶いておく
塩 ---------- 小さじ1
コショウ ---------- 小さじ1/2

【すりつぶしておく香辛料】

にんにく ---------- 3片
ターメリック ---------- 少々

1. 卵をとき、塩、ベーキングパウダー、小麦粉を加えてよく混ぜ合わせる。
2. ココナッツミルクを加え、混ぜる。
3. コショウ、すりつぶした香辛料を加え、万能ネギ、もやしを入れて混ぜる。
4. 鍋に油を熱し、おタマを油の中に入れて充分加熱する。
5. おタマが熱くなったら、3を入れて上に海老を乗せ、油の中に浸す。
6. 衣に火が通ってきたら、おタマをゆすってかき揚げが離れるようにする。
7. 油が高温になりすぎないよう気を付けながら、きつね色になるまで揚げる。

※お好みでサンバルを添えても。

シーフード

一見すると日本の天ぷらそっくり。でもただよう スパイスの香りはインドネシアのものでビールが進む一品です。

13 じゃこのかき揚げ Bakwan Teri

■材料：約10人分

ちりめんじゃこ …………… 300g	
ワケギ/万能ネギ ………… 300g	＊細かい小口切り
卵 ………………………………… 3個	
片栗粉 ………………… カップ3/4弱	
小麦粉 …………………… カップ1.5	
塩 ……………………………… 適量	＊じゃこの塩分により加減する
コショウ ……………………… 少々	
水 …………………………… 少々	
揚げ油 ………………………… 適量	

【すりつぶしておく香辛料】

コリアンダーシード …… 小さじ1	＊乾煎りのする
クミンシード …………… 小さじ1	＊乾煎りのする
にんにく ……………………… 3片	＊先に薄切りにして炒めておく

1 ボウルに卵を溶き、ちりめんじゃこ、ワケギ、すりつぶした香辛料、更に片栗粉、小麦粉（約1：2）を加え、塩、コショウで味付けしてよく混ぜる（粉の量はかたさをみて加減する。固いようなら水を少々加えてもよい）。

2 天ぷらの要領でカラリと揚げる。

※好みでサンバルを添えても。

揚げたての魚にスパイスたっぷりの風味豊かなソースをからめます。使用する魚はマナガツオ、サワラ、タイなどがベスト。

14 バリのスパイシー揚げ魚 Ikan Bumbu Bali

■材料：約8人分

魚	700g	＊3〜4つ切り
レモングラス	2本	＊たたいて結ぶ
サラムの葉	2枚	
レモン汁	1/2個分	
タマリンド水	大さじ1	
ケチャップ・マニス	大さじ1	
ガラスープの素	適量	＊好みで
塩	適量	
揚げ油／炒め油	適量	

【すりつぶしておく香辛料】

赤唐辛子	5本	
にんにく	2片	
バワン・メラ	5個	
しょうが	1片	
クミリ	3粒	＊種は捨てる
塩	適量	

1 魚にレモン汁、塩をふり、15分ほど置いておく。

2 魚をカラリと素揚げする。

3 すりつぶした香辛料を香りが出るまで炒め、サラムの葉、レモングラスを加えて炒め、タマリンド水、ケチャップ・マニス、ガラスープの素（好みで）を加える。

4 揚げた魚を入れ、3のタレとよくからめる（からめにくいようならば水を少々足す）。

※3のタレだけ多めに作って冷凍保存しておけば次回は簡単に作れる。

シーフード

"リチャ"は辛いという意味の北スラウェシの言葉。その名の通り辛さたっぷりのソースは一度食べたらやみつきになる美味しさです。

15 揚げ魚のリチャ・リチャソースかけ Ikan Rica-rica

■材料：約8人分

魚	1〜2尾	*ワタと鱗を取る
塩	適量	
レモン汁	適量	
炒め油／揚げ油	適量	
クマンギの葉	適量	*付け合わせ
レモン	1個	*付け合わせ

【リチャ・リチャソースの材料】

(A)
赤唐辛子	100g	*種は捨てる
玉ねぎ	1/2個	
にんにく	2片	
クミリ	3個	
水	ミキサーが回る程度の量	

しょうが	1cm	*軽くたたく
トマト	1個	*皮をむき、ザク切り
レモングラス	2本	*たたいて結ぶ
砂糖	小さじ2	
塩	小さじ1	
ガラスープの素	適量	*好みで

1 魚に塩とレモン汁をふり、置いておく。

2 (A)の材料をミキサーにかける。

3 鍋に油を熱し、2と軽くたたいたしょうが、トマト、レモングラスを炒め、塩、砂糖、ガラスープの素（好みで）を入れ、煮詰めて水分をとばす。

4 魚をカラッと揚げる。

5 揚げた魚を皿に盛り、3のリチャリチャソースを上からかけ、レモンとクマンギの葉を添える。

※魚はサワラ、スズキ、カレイ、イサキなどの他、何でもよく合う。

※ソースは冷凍保存できるので多めに作って小分けしておこう（買ってきた魚の唐揚げで手抜きできる）。

ヒイカ（小イカ）とじゃがいもを丸ごとコトコトと煮込んだカレー。青唐辛子の効いた刺激的な味わいがクセになります。

16 ヒイカと新じゃがのカレー Kari Cumi Zamrut

■材料：約6〜7人分

ヒイカ	500g	
じゃがいも（新じゃが）	400g	*丸のまま か2つ割り
ココナッツミルク	湯300cc：粉30g	*湯で溶いておく
こぶみかんの葉	4枚	
ターメリックの葉	1枚	*結ぶ
レモングラス	3本	*たたいて結ぶ
ガラスープの素	適宜	*好みで
ナツメグ（粉末）	小さじ1/2	
塩	小さじ1	
炒め油	大さじ2	

[すりつぶしておく香辛料A]

青唐辛子	8本	*種は捨てる
バワン・メラ	5個	
にんにく	3片	
ランクアス	2cm(10g)	
ターメリック	3cm(5g)	
しょうが	1片(10g)	

[すりつぶしておく香辛料B]

コリアンダーシード	大さじ1	*乾煎りする
クミンシード	小さじ1	*乾煎りする

1 すりつぶした香辛料Aを香りが出るまで炒め、こぶみかんの葉、ターメリックの葉、レモングラス、ヒイカ（丸のまま）を加える。

2 ヒイカの色が変わったらココナッツミルクを注ぎ、新じゃがを加える。

3 ガラスープの素（好みで）、すりつぶした香辛料B、ナツメグ、塩で味を付ける。

4 かき混ぜながら、汁がトロリとするまで煮込む。

※スルメイカの場合は輪切りにする。

シーフード

たっぷりのスパイス&ハーブで味つけした魚を包み焼きに。バナナの葉を開いたときにふわっと広がる香りがたまらない、魚好きには見逃せない一品。

17 魚のペペス Pepes Ikan

■材料：約8人分

魚	700g	＊ワタと鱗を取る
チャベ・ラウィット	8本	
レモングラス	1本	＊たたいて結ぶ
サラムの葉	2枚	
ランクアス	50g	＊軽くたたく
炒め油	適量	
クマンギ	適量	
バナナの葉	適量	
爪楊枝	適量	

【すりつぶしておく香辛料】

バワン・メラ	10個	
赤唐辛子	6本	
クミリ	10粒	＊種は捨てる
ターメリック	5cm	
砂糖	適量	
塩	適量	

1 魚はワタと鱗を取って軽く塩をふり、半焼きにする。

2 鍋に油を熱し、すりつぶした香辛料、ランクアス、サラムの葉、レモングラスを香りが出るまで炒め、冷ます。

3 魚に**2**をまんべんなく塗りつけ、1〜3本のチャベ・ラウィットとクマンギの葉をのせ、バナナの葉で包み爪楊枝で止める。

4 焼き網に乗せ、魚の中まで火が通るまで焼く。

※淡水魚でも海水魚でも何でもよく合う。
※赤唐辛子は好みにより増減する。
※ペペスの包み方は「⑤鶏モツのペペス」の鶏肉と鶏モツのペペスのイラスト参照。

スパイシーで爽やかな香りが魅力のペスモール・イカン。"我が家の人気メニュー"になること間違いなしの、ごはんが進む一品です。

18 魚のペスモールソース煮 Pesmol Ikan

■ 材料：約8人分

魚	1kg	*ワタと鱗を取る
塩	少々	
レモン汁	大さじ2	
バワン・メラ	5個	*薄切り
にんにく	2片	*薄切り
赤唐辛子	3本	*種を捨てて斜め薄切り
チャベ・ラウィット	7本	
レモングラス	2本	*縦に2つ割り
サラムの葉	2枚	*たたいて結ぶ
砂糖	小さじ1〜2	
塩	適量	
酢	小さじ1	
ガラスープの素	適量	
水	250cc	
揚げ油／炒め油	適量	

【すりつぶしておく香辛料】 *好みで

バワン・メラ	6個
にんにく	2片
クミリ	3粒
ターメリック	4cm(10g)
ランクアス	1cm
しょうが	1cm

1 魚に切り目を入れ、塩とレモン汁をふり15分程おいておき、カラリと揚げる。

2 鍋に油を熱し、薄切りにしたバワン・メラ、にんにくを香りが出るまで炒め、すりつぶした香辛料、レモングラス、サラムの葉を加え、更に炒める。

3 水を注ぎ、砂糖、塩、酢、ガラスープの素（好みで）で味を調え、赤唐辛子、チャベ・ラウィットを加え、煮る。

4 揚げた魚を入れ、水気が少なくなるまで煮る。

※魚はテラピア、ニジマスなどの淡水魚の他にも、スズキ、イシモチ、マダイ、クロダイなどの海の魚もよく合う。

シーフード

海老をたっぷり使った豪華メニュー。タマリンドの穏やかな酸味と唐辛子の辛みが効いた印象的な味わいです。

19 海老の酸味スープ煮 Udang Asam Pedas

■材料：約6人分

材料	分量	備考
海老（大）	500g	
バワン・メラ	3個	＊みじん切り
にんにく	2片	＊みじん切り
タマリンド水	小さじ1/2	
こぶみかんの葉	3枚	
グラ・メラ	小さじ1	
ガラスープの素	適量	＊好みで
塩	適量	
コショウ	少々	

【すりつぶしておく香辛料】

材料	分量	備考
赤唐辛子	4本	＊種は捨てる
チャベ・ラウィット	3本	＊種は捨てる
トゥラシ	小さじ1/2	＊炙る

1 海老は殻をむき、背ワタを取る。

2 海老の殻を叩き、1.5カップくらいの水で15分位煮て出汁をとり、水を足して500ccにする。

3 みじん切りにしたバワン・メラとにんにくを**2**のスープに加える。

4 すりつぶした香辛料、タマリンド水、こぶみかんの葉、グラ・メラ、ガラスープの素（好みで）、塩、コショウを入れ、15分位弱火で煮る。

5 海老を加え、色が変わり火が通るまで煮る。

野菜とスパイスの色彩が鮮やかなヘルシー料理。日持ちするのでたくさん作っておきましょう。

20 ターメリック風味のアチャール Acar Kuning

■材料：約10人分

きゅうり	500g	＊3cm位の拍子切り
にんじん	大1本	＊3cm位の拍子切り
バワン・メラ(小粒のもの)	100g	
チャベ・ラウィット	20g	＊好みで増減する
レモングラス	2本	＊たたいて結ぶ
サラムの葉	2枚	
こぶみかんの葉	3枚	
砂糖	少々	
酢	大さじ1	
塩	適量	
コショウ	少々	
炒め油	大さじ3	

【すりつぶしておく香辛料】

赤唐辛子	3本	＊種は捨てる
バワン・メラ	5個	
ターメリック	30g	
クミリ	5粒	

1 皮をむいたバワン・メラ、チャベ・ラウィットを1時間ほど酢（分量外）に漬けておく。

2 鍋に油を熱し、すりつぶした香辛料を香りが出るまで炒め、サラムの葉、こぶみかんの葉、たたいて結んだレモングラスを加え、更に炒める。

3 にんじんを加えサッと火を通し、更にきゅうりを加える。

4 きゅうりの表面がややしんなりしたら、砂糖、酢、塩、コショウで味を調える。

5 最後に1のバワン・メラ、チャベ・ラウィットを加えサッと混ぜて、火を止める。

※一晩置くと味がなじんでさらに美味しくなる。

野菜料理

インドネシア人が大好きな空芯菜の炒め物。シャキシャキした食感を残すために、強火でサッと炒めるのが美味しく仕上げるコツ。

21 空芯菜炒め Cah Kangkung

■材料：約6人分

空芯菜	2束	＊長さ5cmに切る
ランクアス	2cm	＊軽くたたく
しょうが	2cm	＊軽くたたく
チャベ・ラウィット	10個	＊種を捨てる
ガラスープの素	適量	＊好みで
炒め油	大さじ3	

【すりつぶしておく香辛料】

バワン・メラ	5粒
にんにく	3片
塩	小さじ1

1 鍋で油を熱し、すりつぶした香辛料を香りが出るまで炒める。

2 ランクアス、しょうが、チャベ・ラウィットを加える。

3 空芯菜の茎を先に加え、ややしんなりしたら葉のほうを入れ、ガラスープの素（足りないようなら）塩で手早く味付けする。

※空芯菜は茎のほうが火が通りづらいので葉と茎を切り分けておこう。
※3のときに好みで砂糖少々を入れてもよい。
※強火でサッと炒めよう。

プランター植えの空芯菜

野菜料理

インドネシアの定番料理のひとつ。手間ひまかけて作る絶品のピーナッツソースで和えた温野菜をたっぷり召し上がれ。

22 ガド・ガド（茹で野菜のピーナッツソース和え） Gado-gado

■材料：約8人分

- いんげん ... 10本　＊茹でて3cmに切る
- キャベツ ... 1/4個　＊粗い千切り、さっと茹でる
- にんじん ... 1本　＊粗い千切り、さっと茹でる
- 青菜 ... 5枚　＊さっと茹でて3cmに切る
- もやし ... 150g　＊ヒゲを取り、熱湯にくぐらす
- 卵 ... 2個　＊固茹でにし、4つ切り
- 豆腐（固め）... 1/4丁　＊水切りし、素揚げする
- パワン・コレン ... 適量
- ウンピン/クルプック ... 適量　＊揚げる

《ガドガドソース》
[すりつぶしておく香辛料]

- 生ピーナッツ（薄皮付き）... 200g　＊表面がわずかに色づくまで揚げる
- パワン・メラ ... 8個
- にんにく ... 3片
- チャベ・ラウィット ... 8本　＊種は捨てる
- クンチュール ... 1片　＊ないときは省く
- こぶみかんの葉 ... 3枚
- トゥラシ ... 小さじ1/2　＊炙る
- 塩 ... 適量
- 熱湯 ... 100cc〜

- 炒め油 ... 適量
- ケチャップ・マニス ... 大さじ3
- レモン汁 ... 小さじ2
- コショウ ... 適量

1. 左記の通り、具の下ごしらえをする。
2. ガドガドソースの材料をなめらかなペースト状になるまで、熱湯を少量ずつ加えながら根気よくすりつぶす。
3. 鍋に油を熱し、2を焦がさないように炒め、ケチャップ・マニス、レモン汁、コショウで味を調える。
4. 具を器に盛り、ガドガドソースで和える。
5. ゆで卵とウンピンまたはクルプックを添え、パワン・コレンをふりかける。

※揚げテンペ、薄切りにして茹でたウリ類などもよく合う。
※ガドガドソースは冷凍保存できる。
※ウンピンまたはクルプックは細かく割ってふりかけても。

野菜料理

みんなが大好きな空芯菜のイチバン美味しい食べ方はコレ。空芯菜を食べすぎると眠くなると言われていますが、真偽のほどは!?

23 空芯菜のスパイス炒め Kangkung Si Mana Lagi

■材料：約6～7人分

空芯菜	400g	
トマト	2個	＊皮をむき、串切り
ランクアス	2cm	＊軽くたたく
サラムの葉	2枚	
水	適量	
ガラスープの素	適量	＊好みで
炒め油	大さじ3	

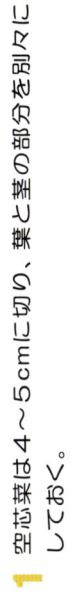

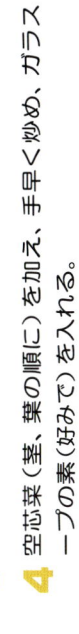

【すりつぶしておく香辛料】

赤唐辛子	5本	＊種は捨てる
バワン・メラ	7個	
にんにく	3片	
トゥラシ	小さじ1	＊軽く炙っておく
クミリ	4粒	
グラ・メラ	少々	
塩	適量	

1. 空芯菜は4～5cmに切り、葉と茎の部分を別々にしておく。
2. 鍋に油を熱し、すりつぶした香辛料各香りが出るまで炒める。
3. サラムの葉、ランクアスを加え、トマトを入れる。
4. 空芯菜（茎、葉の順に）を加え、手早く炒め、ガラスープの素（好みで）を入れる。
5. 水を少し加え、煮立ったら出来上がり。

※空芯菜は収穫してから時間が経つと固くなるので新鮮なものを選ぼう。栽培も簡単なので挑戦してみて。

野菜料理

インドネシアでは佃煮のような存在。時間があるときにまとめて作っておき、常備菜として毎日のテーブルに並べてみて。

24 じゃこ・ピーナッツ・ポテトの煎り煮 Kentang Kering Asam Manis

■ 材料：約8～10人分

じゃがいも	4個	＊長さ4cm、割り箸くらいの太さに切る
生ピーナッツ（薄皮付き）	200g	
じゃこ	100g	
タマリンド水	大さじ2	
サラムの葉	2枚	
砂糖	大さじ1～2	＊好みで増減する
ケチャップ・マニス	大さじ4～5	＊好みで増減する
ガラススープの素	適量	＊好みで
塩	適量	＊じゃこの塩分により加減する
揚げ油／炒め油	適量	

【香辛料】

赤唐辛子	1本	＊種は捨て、みじん切り
チャベ・ラウィット	5本	＊種は捨て、輪切り
バワン・メラ	5個	＊みじん切り
にんにく	2片	＊みじん切り
ランクアス	2cm	＊みじん切り
しょうが	2cm	＊みじん切り
レモングラス	2本	＊（根元の部分のみ）みじん切り

1 じゃがいも、生ピーナッツ、じゃこはそれぞれ焦がさないようにカラリと揚げる。

2 鍋に油を熱し、香辛料を香りが出るまで炒め、サラムの葉を加え、炒める。

3 タマリンド水、砂糖、ケチャップ・マニス、ガラススープの素（好みで）、塩を加え、味を調える。

4 3のタレが煮上がったら、1を入れ、手早くタレをからめる。

※日持ちするので多めに作っておこう。
※じゃこは「ちりめんじゃこ」や「からりじゃこ」のような乾いた大きめの物を選ぶ。

野菜料理

なすとにがうりがたっぷり食べられる、夏の食卓にぴったりの一品。溶き卵とココナッツミルクで味にやわらかな深みが出ています。

25 なすとにがうりの卵炒め Ihutilinanga

■材料：約5〜6人分

なす	4本	＊長さ5cm、4つ割り
にがうり	200g	＊半割にして厚さ5mmに切る
卵	2個	＊割りほぐす
トマト	2個（小）	＊皮をむき、ざく切り
赤唐辛子	4本	＊斜め薄切り
バワン・メラ	6個	＊薄切り
ココナッツミルク	湯200cc：粉60g	＊湯で溶いておく
ガラスープの素	適量	＊好みで
塩	少々	
揚げ油／炒め油	適量	

[すりつぶしておく香辛料]

赤唐辛子	5本	＊種は捨てる

1 なすとにがうりを素揚げする。

2 鍋に油を熱し、バワン・メラ、斜め薄切りにした赤唐辛子を炒め、しんなりしたらすりつぶした赤唐辛子、トマト、ガラスープの素（好みで）、塩を加え、サッと炒める。

3 溶き卵を加え、火が通ったらココナッツミルクを注ぎ、かき混ぜながら煮る。

4 汁がトロリとしたら素揚げしたなすとにがうりを加える。

野菜料理

日本のコロッケより小さめの、素朴で可愛らしいインドネシアン・コロッケ。スープの中に入れて食べるのがインドネシア流。

26 じゃがいものプルクデル Perkedel Kentang

■材料：約6人分

じゃがいも	500g	
牛挽き肉	150g	
スープセロリ	5本	*みじん切り
万能ネギ	5本	*みじん切り
卵	1個	
小麦粉	適量	
バワン・ゴレン	適量	
ナツメグ	小さじ1/4	
塩	適量	
コショウ	少々	
炒め油／揚げ油	適量	

1 じゃがいもは皮をむき、4つ割りにして低めの温度の油で揚げ、熱いうちにつぶす。

2 挽き肉は少量の油で炒め、塩、コショウ少々を加え、更に炒める。

3 1のじゃがいもと2の挽き肉、バワン・ゴレン、スープセロリ、万能ネギ、ナツメグ、塩、コショウ、溶き卵をよく混ぜ合わせる。

4 直径4〜5cmくらいの平たい丸形にまとめて真ん中を少しくぼませ、小麦粉を軽くまぶし、170℃くらいの油で揚げる。

※じゃがいもの種類によりやわらかすぎる場合は3に小麦粉を少量加える。
※お好みでサンバルを添えても。

野菜料理

E

野菜たっぷりでヘルシーな炒め煮。いんげんのシャキシャキ感と砂肝のコリコリ感がやみつきになるお総菜。

27 いんげんと砂肝の炒め煮 Sambal Goreng Buncis

■材料：約8人分

材料	分量	切り方
いんげん	500g	＊斜め薄切り
塩	適量	
砂胆	5個	＊茹で、厚さ0.5cmの斜め切り
赤唐辛子	6本	＊斜め薄切り
バワン・メラ	6個	＊薄切り
にんにく	3片	＊薄切り
トマト（小）	2個	＊皮をむき、ザク切り
プテ（ネジレフサマメ）	20粒	＊半切り／薄切り
サラムの葉	2枚	
スープストック	100cc	
炒め油	適量	

1 切ったいんげんに塩をふって軽くもみ、しんなりしたらで洗い水気を切っておく。

2 鍋に油を熱し、赤唐辛子、にんにく、バワン・メラ、サラムの葉を香りが出るまで炒める。

3 トマト、プテ、茹でた砂胆、いんげんを加え、更に炒め、塩で味をつける。

4 スープストックを加え、汁気がなくなるまで煮る。

※いんげんは炒める前に塩もみをすることでパリッとした食感が楽しめる。
※プテ（ネジレフサマメ）は香りの強い豆なので嫌いな人は入れなくてもよい。

野菜料理

健康野菜として人気のゴーヤー、たまにはこんな食べ方で。鮮やかな緑と赤の色合いが夏の食卓にぴったりです。

28 にがうりのココナッツミルク煮 Rendang Pare

■ 材料：約8人分

にがうり	500g	*厚さ1cmの輪切り
海老	250g	
ココナッツミルク	湯500cc：粉60g	*湯で溶いておく
トマト（小）	1個	*皮をむき、ざく切り
サラムの葉	2枚	
ガラスープの素	適量	*好みで
グラ・メラ	適量	
揚げ油／炒め油	大さじ3	

【すりつぶしておく香辛料】

赤唐辛子	8〜10本	*種は捨てる
バワン・メラ	5個	
にんにく	2片	
ランクアス	1cm	
塩	適量	

1 海老は殻付きのまま背に切り目を入れ、背ワタを取り、サッと揚げておく。

2 にがうりはしんなりするまで茹で、水にさらし、水気を切っておく。

3 鍋に油を熱し、すりつぶした香辛料を香りが出るまで炒める。

4 ココナッツミルクを加え、更にサラムの葉、海老、トマト、ガラスープの素（好みで）、グラ・メラを加え、かき混ぜながら煮込む。

5 汁がトロリとしてきたらにがうりを加え、味を調える。

※殻付きの海老は食べにくいが、だしが出るのでむかない方が美味しい。
※にがうりの苦みが好きな人は水にさらさない。

野菜料理

時間をかけて煮込み、しっかりとソースの味をしみ込ませた卵のルンダン。大小の鶏とウズラの卵を入れて見た目もキュートに！

29 卵のココナッツミルク煮 Rendang Telur

■ 材料：約10人分

鶏卵	10個 *茹でて殻をむく
ウズラの卵	30個 *茹でて殻をむく
ココナッツミルク	湯750cc：粉120g *湯で溶いておく
ターメリックの葉	1/2枚 *裂いて結ぶ
こぶみかんの葉	5枚
レモングラス	2本 *たたいて結ぶ
アッサム・カンディス	1〜2個
ガラスープの素	適量
塩	適量 *好みで

【すりつぶしておく香辛料】

コリアンダーシード	小さじ2 *乾煎りする
赤唐辛子	150g *種は捨てる
バワン・メラ	8個
にんにく	3片
ターメリック	4cm
ランクアス	2cm
しょうが	1片

1 ココナッツミルクを火にかけ、すりつぶした香辛料、レモングラス、ターメリックの葉、こぶみかんの葉、アッサム・カンディスを入れ、煮込む。

2 ゆで卵、ガラスープの素（好みで）、塩を加え、弱火でかき混ぜながらじっくり煮込む。

※パダン地方では酸味付けにタマリンドを使わずアッサム・カンディスという野生のマンゴスチンの実を使う。日本では手に入りにくいのでタマリンドで代用する。

卵料理

ふんわりとした豆腐の食感が楽しめる卵焼き。ピーナッツ入りの香ばしいサンバルをかけて召し上がれ。

30 豆腐入り卵焼き Tahu Telur

■材料：約6人分

豆腐	1丁	
卵	5個	
もやし	100g	＊ヒゲを取り、熱湯にくぐらす
スープセロリ	1本	＊粗いみじん切り
塩	適量	
コショウ	少々	
炒め油／揚げ油	適量	

【すりつぶしておく香辛料】

生ピーナッツ（薄皮付き）	70g	＊表面がわずかに色つくまで揚げる
赤唐辛子	1本	＊種は捨てる
チャベ・ラウィット	5本	＊種は捨てる
にんにく	2片	＊揚げておく
ブティス・ウダン	大さじ1	
ケチャップ・マニス	大さじ2	
酢	小さじ1	
湯	50cc	
砂糖	適量	
塩	適量	

1 豆腐は塩をふり、重石をしておく。

2 サンバルの材料すべてをすりつぶす（固い場合は湯を加えながら）。

3 豆腐の水を切り、0.5cm×3cm×3cm位の大きさに切り、カラッと揚げる。

4 ボールに卵を割り、塩、コショウを加えて混ぜ、揚げた豆腐を入れる。

5 フライパンに油を熱し、厚い卵焼きのように焼く。

6 皿に卵焼きをのせ、熱湯にくぐらせたもやし、スープセロリをのせ、サンバルをかける。

卵料理

鮮やかな赤色のチリソースをからめた卵料理。ごはんにもビールにもぴったりのスパイシーな一品です！

31 揚げ卵のバラドソース煮 Telur Balado

■材料：約8人分

ゆで卵	8個
トマト（大）	1個
こぶみかんの葉	4枚
レモン汁	大さじ1
砂糖	小さじ1〜2
ガラスープの素	適量
炒め油／揚げ油	適量

＊皮をむき、ザク切り

[すりつぶしておく香辛料]

赤唐辛子	8本
チャベ・ラウィット	5本
バワン・メラ	5個
塩	小さじ1

＊種は捨てる（好みで）
＊種は捨てる（好みで）

味が良くからまるように、ゆで卵にフォークでスジを付けて揚げる

1 ゆで卵の殻をむき、フォークで かるく切れ目を入れ（写真参照）、170℃の油できつね色になるまで揚げる。

2 鍋に油を熱し、すりつぶした香辛料を香りが出るまで炒め、こぶみかんの葉、トマト、レモン汁、砂糖、ガラスープの素（好みで）を加えて更に炒め、水分が足りないようなら水を大さじ1〜2杯加える。

3 2のソースが沸騰したら揚げ卵を入れ、味がしみるまで煮る。

※赤唐辛子は好みによって増減する。

卵料理

西ジャワにあるチレボンの名物料理。辛くて甘くてちょっぴり酸っぱいという不思議な味わいで、食べる人たちを虜にします。

32 揚げ豆腐 Tahu Gejrot

■材料：約8〜10人分

豆腐（木綿） ──── 大4丁
塩 ──── 少々
揚げ油 ──── 適量
バワン・ゴレン ──── 適量
青唐辛子 ──── 1本　＊種を捨て、斜め薄切り

《かけ汁の材料》
タマリンド水 ──── 大さじ6
ケチャップ・マニス ──── 大さじ4
グラ・メラ ──── 小さじ1〜2
ガラスープの素 ──── 適量　＊好みで
水 ──── 400cc

[すりつぶしておく香辛料]
赤唐辛子 ──── 4本　＊種は捨てる
チャベ・ラウィット ──── 3本　＊種は捨てる
バワン・メラ ──── 10個
にんにく ──── 2片
塩 ──── 適量

1 豆腐は塩をふり、重石をして水分を抜いておく。

2 鍋で湯を沸かし、かけ汁の材料と、粗くすりつぶした香辛料を入れて煮る。

3 水気を切った豆腐を食べやすい大きさ（3cm×3cm×3cm位）に切り、160℃くらいの油できつね色になるまで素揚げする。

4 揚げ豆腐を器に盛り、2のかけ汁をかけ、斜め薄切りにした青唐辛子、バワン・ゴレンをふりかける。

たっぷりと詰め物をしたアツアツの揚げ豆腐はごはんにもお酒にもぴったり。サンバルをつけて食べればさらに美味しさアップ！

33 豆腐の肉詰めサンバル添え Tahu Isi

■材料：約5〜6人分

- 鶏挽き肉 ……………… 100g
- 豆腐 …………………… 2丁（大）　＊塩をふり、重石をしておく
- 塩 ……………………… 適量
- 卵 ……………………… 1個
- スープセロリ ………… 1〜2本　＊みじん切り
- パワン・コレン ……… 大さじ1　＊手で細かくする
- 小麦粉 ………………… 大さじ1
- 塩 ……………………… 小さじ1/2
- コショウ ……………… 小さじ1/4
- 揚げ油 ………………… 適量

【サンバルの香辛料】

- 赤唐辛子 ……………… 4本　＊種は捨て、茹でる
- にんにく ……………… 2片
- 砂糖 …………………… 大さじ0.5〜1　＊好みにより加減する
- 酢 ……………………… 大さじ1
- 水 ……………………… 50cc

1 豆腐は塩をふり、重石をしておく。

2 水を切った豆腐を8つに切り、スプーンで詰め物をする穴を開ける。

3 くり抜いた豆腐と挽き肉、卵、スープセロリ、パワン・コレン、塩、コショウ、小麦粉を入れてよく混ぜる。

4 3の具を2の豆腐にたっぷりと詰める。

5 きつね色になるまで170℃の油で揚げる。

■サンバルの作り方：

1 赤唐辛子はしんなりするまで茹でるか電子レンジにかける。

2 赤唐辛子とにんにくをすりつぶし、砂糖、酢、水を加える。

3 火にかけ、ややトロッとするまで煮る。

※豆腐は大きさによって適当なサイズに切ってよいが、厚みは2〜3cmにする。

健康食品として日本でも知名度を上げつつあるテンペは、素朴ながら滋養あふれる味わいです。カラリと揚げて気軽につまんでみて。

㉞ 揚げテンペ Tempe Goreng

■材料：約4〜5人分

- テンペ-----------------1個 (300g)
- コリアンダーシード------小さじ1 *乾煎りしてすりつぶす
- おろしにんにく----------小さじ1
- 塩--------------------小さじ1
- 水--------------------150cc

1 テンペを食べやすい大きさに切る（カリッとさせたいなら厚さ0.5cm位。フワッとさせたいなら厚さ1cm位）。

2 すりつぶしたコリアンダーシード、おろしにんにく、塩を水に入れ、混ぜ合わせておく。

3 テンペを**2**に浸け、170℃の油でキツネ色になるまでカラッと揚げる。

※食べ残したら炒め物に入れてもよい。
※日本のメーカーのテンペはうまく味がしみ込まないので、インドネシアの作り方で出来たテンペをアジア食材店やネット通販で購入しよう。

豆腐＆テンペ

じゃこのサンバルに揚げたテンペをからめた本書オリジナルレシピ。サクサクとした食感とコクのある味わいがたまりません。

35 テンペのじゃこサンバル炒め Sambal Goreng Tempe

■材料：約10人分

テンペ	1個（300g）
ちりめんじゃこ/かえりじゃこ	60g
こぶみかんの葉	6枚
ランクアス	1片
ガラスープの素	適量
砂糖	小さじ1
揚げ油/炒め油	適量

【すりつぶしておく香辛料】

青唐辛子	10本（100g）	＊種は捨てる
バワン・メラ	8個	
塩	適量	

＊揚げておく
＊軽くたたく
＊好みで

1 テンペを0.5cm×1.5cm×4cmくらいに切り、170℃の油でカラッと揚げる。

2 サンバル（Sambal Teri Asin）を作る。鍋に油を熱し、すりつぶした香辛料、ランクアス、こぶみかんの葉を香りが出るまでじっくり炒める。

3 揚げたじゃこを加えよく混ぜ、ガラスープの素（好みで）、砂糖で味を調える。

4 1の揚げたテンペを加え、よく混ぜる。

※インドネシア産のイカン・アシンを使う場合は塩分が強いので塩は入れない。
※テンペを混ぜる前のサンバルはおかずとしてご飯によくく合うので多めに作っておこう。

豆腐&テンペ

じっくり煮込んだ旨みたっぷりの臓物スープは港町マカッサルの名物料理。サンバル・チョトを入れて食べるとさらに美味！

㊱ マカッサルのソト Coto Makassar

■材料：約8人分

牛肉（切り落とし）	200g	
モモ肉	500g	
水	2ℓ	
生ピーナッツ（薄皮付き）	100g	＊乾煎りしてすりつぶす
しょうが	30g	＊軽くたたく
ランクアス	2cm	＊軽くたたく
レモングラス	2本	＊たたいて結ぶ
サラムの葉	2枚	
こぶみかんの葉	4枚	
ガラスープの素	適量	
塩	適量	＊好みで
コショウ	少々	
炒め油	大さじ3	
スープセロリ	適量	＊みじん切り
ネギ／ワケギ	1〜3本	＊小口切り

【すりつぶしておく香辛料】

コリアンダーシード	小さじ2	＊乾煎りする
バワン・メラ	5個	
にんにく	2片	
タウチョ	大さじ2	

【サンバル・チョト】

赤唐辛子	3本	
チャベ・ラウィット	10本	全てをすりつぶして炒める
バワン・メラ	5個	
にんにく	2片	
タウチョ	大さじ1	
炒め油	適量	

1 牛肉、モモツを柔らかくなるまで茹で、取り出し、一口大に切っておく。スープ（茹で汁）は約1.5ℓにしておく。

2 鍋に油を熱し、すりつぶした香辛料を炒め、更にしょうが、ランクアス、レモングラスを焦がさないように炒める。

3 1のスープに2を加え、沸騰したらすりつぶした生ピーナッツを入れる。

4 牛肉、モモツ、サラムの葉、こぶみかんの葉を加え、ガラスープの素（好みで）、塩、コショウで味を調え、じっくりと煮込む。

5 器にスープを注ぎ、スープセロリとネギを散らし、サンバルを添える。

※インドネシアではクトゥパット（若い椰子の葉を編んだものに米を入れて炊いたちまきのようなもの）と共にいただく。

野菜たっぷりでバランスの取れた一品。タマリンドの爽やかな酸味が食欲をそそります。豪快にご飯にぶっかけて召し上がれ！

37 タマリンド入りの野菜スープ Sayur Asam

■材料：約8人分

- いんげん/三尺ササゲ……10本/4本　＊3cm位に切る
- とうもろこし……1本　＊2cmの輪切り
- キャベツ……2〜3枚　＊ザク切り
- 生ピーナッツ（薄皮付き）……50g　＊乾煎りしてすりつぶす
- 水……2ℓ
- アッサム・ムダ……2cm　＊軽くたたく
- サラムの葉……2枚
- ランクアス……2cm　＊軽くたたく
- ガラスープの素……適量　＊好みで
- グラ・メラ……適量
- 塩……適量

【すりつぶしておく香辛料】

- 赤唐辛子……1〜2本　＊種は捨てる
- バワン・メラ……3個
- にんにく……1片
- トゥラシ……小さじ1
- クミリ……3粒　＊炙る

1. 鍋に水を入れて火にかけ、沸騰したらすりつぶした香辛料、サラムの葉、ランクアス、アッサム・ムダ（未熟なタマリンドの実）、生ピーナッツ、グラ・メラ、ガラスープの素（好みで）を入れ、中火で煮込む。
2. 煮えにくい野菜から順に加え、煮る。
3. 味を見て好みの酸味になったら、アッサム・ムダを取り出し、塩で味を調える。

※インドネシアでは具としてムリンジョの実、葉、未熟なジャックフルーツの実、ハヤトウリなどをよく使う。

ソト＆スープ

あっさりした味わいの中に豊かなコクをもつ煮込み料理。まったく辛みのない、万人向けの美味しさです。

38 バラ肉とハヤトウリの煮込み Sayur Labu Segar

■材料：約6〜7人分

バラ肉（牛／豚）	200g	＊長さ4cm位の薄切り
ハヤトウリ	600g（大2個）	＊2cmの角切り
長ネギ	1本	＊1cmの小口切り
スープセロリ	3本	＊粗いみじん切り
タマリンド水	大さじ1	
ガラスープの素	適量	＊好みで
塩	適量	
水	1.2ℓ	
バワン・ゴレン	適量	
炒め油	大さじ3	

[すりつぶしておく香辛料]

バワン・メラ	8個	
にんにく	3片	
クミリ	2粒	
しょうが	1cm	
干し海老	大さじ1	＊水で戻してからすりつぶす
コショウ	小さじ1/2	

1. 鍋に油を熱し、すりつぶした香辛料を香りが出るまで炒める。
2. 水を注ぎ、沸騰したら、バラ肉とハヤトウリを入れて煮る。
3. タマリンド水、ガラスープの素（好みで）、塩を加え、ハヤトウリが柔らかくなるまで更に煮込む。
4. 火を止めてネギ、スープセロリを加える。
5. 器に盛りつけ、バワン・ゴレンを散らす。

ハヤトウリは切り口をこすり合わせてアクを出し、洗い流す

※ハヤトウリのかわりに冬瓜やズッキーニを使ってもおいしい。

ソト＆スープ

各地方にそれぞれのソト・アヤムがあり、ファンの多い定番料理のひとつ。お好みの具を自分の器に入れ、熱々のスープを注いで召し上がれ！

39 鶏肉のソト Soto Ayam

■材料：約7〜8人分

鶏ガラ	1羽分
水	1.3ℓ
レモングラス	2本 ＊たたいて結ぶ
こぶみかんの葉	3枚
炒め油	少々
ガラスープの素	適量 ＊好みで
レモン	適量

【スープの具】

鶏ムネ肉	500g ＊茹でて細く裂いておく
キャベツ	1/4個 ＊せん切り
もやし	1袋 ＊ヒゲを取る
緑豆春雨	50g ＊熱湯で固めにもどす
ワケギ	適量 ＊小口切り
スープセロリ	適量 ＊みじん切り
バワン・ゴレン	適量
ウンピン	適量 ＊揚げる

【すりつぶしておく香辛料】

にんにく	2片
しょうが	1cm
ターメリック	3cm
クミリ	6粒
粒コショウ	小さじ1
塩	適量

1 鶏ガラを煮てスープを取り、1.3ℓにしておく。具にするムネ肉も一緒に茹で、火が通ったら取り出す。

2 鍋に油を熱し、すりつぶした香辛料を香りが出るまで炒め、更にレモングラスを加え、炒める。

3 1のスープを注ぎ入れ、こぶみかんの葉を加え、ガラスープの素（好みで）で味を調え、更に1時間ほど弱火で煮る。

4 スープの具を大皿にきれいに盛りつける。

※食べ方：各自、好みの具を器に取り、熱いスープを上から注ぎ、バワン・ゴレン、ウンピンを散らし、レモンを搾る。

ソト＆スープ

ターメリックの風味豊かなカレースープ。爽やかなスパイスがたっぷりで、ちょっぴり食欲がないときでも元気になれる味です。

④ チキンカレースープ Sup Kare Ayam

■材料：約10人分

鶏ムネ肉	300g
水	2ℓ
キャベツ	1/4個 ＊粗いせん切り
にんじん	小2本 ＊サイコロ切り
じゃがいも	2個 ＊サイコロ切り
香菜	100g
ワケギ/万能ネギ	3本/1束 ＊薄切り
バワン・メラ	6個 ＊薄切り
ターメリック	3cm ＊すりおろす
サラムの葉	2枚
レモングラス	2本 ＊たたいて結ぶ
ランプアス	2cm ＊軽くたたく
塩	適量
コショウ	少々
ガラスープの素	適量 ＊好みで
炒め油	適量
バワン・ゴレン	適量

【すりつぶしておく香辛料】

にんにく	2片
クミリ	6粒

1 鶏肉を茹で、細かく裂いておく（茹で汁は捨てない）。

2 すりおろしたターメリックは水少々を注ぎ、漉しておく。

3 すりつぶした香辛料、バワン・メラをを炒め、ランプアス、レモングラス、サラムの葉を加え、香りが出るまで炒める。

4 1の鶏の茹で汁2ℓを注ぎ、沸騰したらガラスープの素（好みで）、にんじん、じゃがいもを入れ、火が通ったらキャベツを加える。

5 2のターメリック水、塩、コショウで味を調え、香菜を入れ、サッと煮る。

6 器に裂いた鶏肉を入れ、熱々のスープを注ぎ、ワケギとバワン・ゴレンを散らしていただく。

※スープセロリのみじん切りを散らしても美味しい。

具がたっぷりのインドネシア版"焼きそば"。辛いのが苦手な大人や子どもにも人気の定番料理です。現地ではご飯のおかずとして食べます。

41 ジャワのミー・ゴレン Mie Goreng Jawa

材料：約６人分

■材料

蒸し麺	250g	*ほぐしておく
鶏肉	150g	*１cmの角切り
海老	100g	*皮をむき、背ワタを取る
もやし	100g	*ヒゲを取る
キャベツ	3枚	*0.5cm幅に切る
長ネギ	2本	*薄い輪切り
スープセロリ	適宜	*粗いみじん切り
ケチャップ・マニス	大さじ２〜３	
バワン・ゴレン	適宜	
ガラスープの素	小さじ1	
スープ	150cc	
塩	小さじ1	
ワンビン	適量	*好みで
炒め油	適量	*揚げる

【すりつぶしておく香辛料】

クミリ	4粒
にんにく	3片
コショウ	小さじ1

1 すりつぶした香辛料を香りが出るまで炒め、鶏肉、海老を色が変わるまで炒める。

2 スープを注ぎ、ケチャップ・マニス、キャベツ、麺を入れてよく混ぜる。

3 もやしを加え、塩とガラスープの素（好みで）で味を調え、汁気がなくなったら火を止め、スープセロリ、長ネギを混ぜる。

4 皿に盛りつけ、バワン・ゴレンとやや細かく割ったワンビンをふりかける。

※ケチャップ・マニスは最初控えめに入れ、後で味を調えるようにしたほうが失敗がない。

※辛くしたい人は、サンバルを加えても。

日本でもすっかりおなじみのナシ・ゴレン。インドネシアでは半熟卵ではなく、たっぷりの油で揚げた固焼き卵をトッピング！

42 ナシ・ゴレン・スペシャル Nasi Goreng Istimewa

■材料：約5〜6人分

冷やご飯	2合分	*3〜4日前に冷蔵庫に入れる
鶏モモ肉	200g	*小さめの一口大に切る
海老	100g	*殻をむき、背ワタを取る
玉ねぎ	小1個	*みじん切り
ケチャップ・マニス	大さじ2〜3	
ケチャップ・アシン	大さじ1	
塩	適量	
コショウ	適量	
ガラスープの素	適量	
炒め油	適量	

《具》

卵	人数分	
きゅうり	1/2本	*斜め薄切り
クルプック	4枚	*揚げる
バワン・ゴレン	適量	

【すりつぶしておく香辛料】

コリアンダーシード	小さじ1	
バワン・メラ	5個	
にんにく	2片	
赤唐辛子	3本	
ランクアス	1片	
プティス・ウダン	小さじ1/2	*乾煎りする

1 鍋に油を熱し、鶏肉を炒め、玉ねぎを加え、よく炒める。更にみじん切りにした

2 すりつぶした香辛料を加え、香りが出るまで炒める（焦がさないように）。

3 むき海老を加え、火が通ったらケチャップ・マニス、ケチャップ・アシン、ほぐした冷やご飯を加え、よくかき混ぜ、塩、コショウ、ガラスープの素（好みで）で味を調える。

4 ナシ・ゴレンを皿に盛りつけ、目玉焼き、きゅうり、クルプックなどを添え、上にバワン・ゴレンを散らす。

※目玉焼きのかわりに錦糸卵（卵1個）でも良い。
※ケチャップ・マニス、ケチャップ・アシンは最初控えめに入れ、後で味を調えるようにする。
※辛くしたい人はサンバルを加えても。
※プティス・ウダンがないときはトゥラシ、カピ、蝦醤（シャージャン）で代用する。

麺 & 飯

E 小エビの発酵調味料"トゥラシ"を入れた、インドネシアで最もポピュラーなサンバル。どんな料理にも合うので作っておくと重宝します。

W トマトを入れた爽やかな風味のサンバル。"海賊のサンバル"という名は「お米泥棒なほどの美味しさ」から付けられたものだとか！

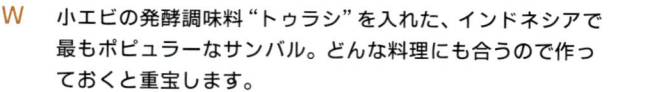

43 サンバル・バジャック Sambal Bajak

■材料：約6人分

赤唐辛子	5本	＊粗くすりつぶす
チャベ・ラウィット	5本	＊粗くすりつぶす
トマト（小）	1個	＊皮をむき、粗いみじん切り
レモングラス	1本	＊たたいて結ぶ
サラムの葉	2枚	
ランクアス	5cm	＊軽くたたく
砂糖	小さじ1	
塩	適量	
炒め油	適量	

1 鍋に油を熱し、粗くすりつぶした赤唐辛子とチャベ・ラウィット、粗くみじん切りにしたトマトを炒める。

2 レモングラス、サラムの葉、ランクアスを加え、更に炒める。

3 砂糖、塩で味を調える。

44 サンバル・トゥラシ Sambal Terasi

■材料：茶碗（小）一杯分

赤唐辛子	10本	＊種を捨てる
チャベ・ラウィット	3本	＊種を捨てる
トマト（大）	1個	＊皮をむき、乱切り
トゥラシ	大さじ1	＊炙る
グラ・メラ	大さじ1	
レモン汁	大さじ1	
塩	適量	

1 全ての材料をなめらかになるまですりつぶす。

※これらのサンバルを使って野菜や肉などを炒めたり煮たりもできる。

サンバル

サッパリした味わいが魅力の本書オリジナルサンバル。ほくほくの茹で新じゃがや、焼いたチキン・お魚のディップとして使ってみて。

45 枝豆サンバル Sambal Kedelai Muda

■材料：茶碗（小）一杯分

レモングラス	1本 ＊たたいて結ぶ
こぶみかんの葉	5枚
クマンギの葉	適量
レモン汁	適量
水	少々
炒め油	適量

【すりつぶしておく香辛料】

枝豆	150g
バワン・メラ	8個
赤唐辛子	8本
チャベ・ラウィット	5本
トゥラシ	小さじ1 ＊茹でて鞘から出す
グラ・メラ	小さじ1～2
塩	適量

1. 鍋に油を熱し、レモングラス、こぶみかんの葉、すりつぶした香辛料を香りが出るまで炒める。
2. 固いようなら、水を加えて適当な柔らかさにする。
3. レモン汁、クマンギの葉を混ぜ込む。

※茹でてじゃがいも、ゆで卵などによく合う。

W ミキサーで簡単にできる美味しくて栄養たっぷりのジュース。飲み口は意外と甘さとすっきりしています。

W トマト・ハチミツ・レモンがあればすぐに作れるお手軽ドリンク。爽やかな甘みを楽しんで。

46 トマトジュース Es Sari Buah Tomat

■材料：約4人分

- トマト-------500g
- 水-------400cc
- ハチミツ-------大さじ3～4　＊好みにより加減する
- レモン汁-------小さじ2

1 全ての材料をミキサーにかける。

2 冷蔵庫で冷やす。

47 アボカドジュース Jus Adpokat

■材料：約4人分

- アボカド（完熟）-------1.5～2個　＊大きさにより加減する
- 牛乳-------600cc
- 白砂糖-------大さじ3～4　＊好みにより加減する
- バニラエッセンス-------少々
- 氷-------適量

1 アボカドを縦2つに切り、種を取り除き、果肉をスプーンですくい取る。

2 ミキサーに全ての材料を入れ、攪拌する。

3 グラスに注ぎ分ける。

※コピ・ブブック(kopi bubuk)/インスタント・コーヒーを濃いめに溶いたものを混ぜ込んだり、チョコレート・シロップを混ぜたりしても美味しい。

デザート

一口でポンと食べられるインドネシアのお団子。もちもちした皮の中には素朴な甘さのグラ・メラが入っています。

48 クルポン Klepon

■材料：約30〜40個分

白玉粉	250g
水	250cc
食緑	少々
パンダン・エッセンス	少々
グラ・メラ	100g
ココナッツフレーク	100g〜
塩	ひとつまみ
湯	150cc

1. ココナッツフレークに湯150ccを入れ戻しておく。

2. 水に食緑とパンダン・エッセンスを加え、よく混ぜる。

3. 白玉粉に2を少しづつ加えながらよく練り、耳たぶくらいの固さにする。

4. 3を4〜5cmくらいの円状にのばし、真ん中に丸めたグラ・メラを置き、団子状にする。
   ＊小指の先くらいの大きさに丸める

5. 1のココナッツフレークの水分を絞って捨て、ひとつまみの塩をよく混ぜておく（好みで砂糖大さじ1ほど入れても良い）。

6. 鍋に湯を沸かし、団子を入れて茹でる。浮いてきたら取り出して水気を切り、ココナッツフレークを周りにまぶす。

※現地ではお菓子に緑色を着けるにはダウン・スジ(Daun Suji)という葉を叩いて細かくし、水で濾して使う。香りをつけるにはダウン・パンダン(Daun Pandan)という葉を煮出して使う。

デザート

温かくても冷たくても美味しい癒しのデザート。香り高いパンダンの葉を使い、いっそう風味豊かな仕上がり。

49 さつまいものココナッツ汁粉 Kolak Ubi

■材料：約6人分

さつまいも	500g	＊皮をむき2cm角に切る
水	2カップ	
ココナッツミルク	粉60g	
パンダンの葉	2枚	
グラ・メラ	60g	＊好みで増減する
塩	少々	

1 切ったさつまいもを半茹でする（約10分）。

2 別の鍋でパンダンの葉を煮だし、パンダン水の量を400cc位にしておく。

3 2のパンダン水でココナッツミルクを溶く。

4 塩、グラ・メラを入れて火にかけ、かき混ぜながら、沸騰させないように煮る。

5 4のグラ・メラが溶けたら、茹でたさつまいもを加え、完全に火が通るまで煮る（10〜15分）。

※かぼちゃ、とうもろこしなどともよく合う。
※冷たくした"Kolak Dingin"も美味しい。

デザート

みんなが大好きなおやつのピサン・ゴレン。衣にココナッツミルクを使ったゆたかな香りの南国テイストが楽しめます。

50 揚げバナナ Pisang Goreng

■材料：約6〜8人分

バナナ	4本
小麦粉	1/2カップ
上新粉	1/2カップ
ベーキングパウダー	小さじ1 (4g)
塩	ひとつまみ
ココナッツミルク	湯200cc：粉30g ＊湯で溶き、冷ます
卵	1個
砂糖	大さじ1〜2
揚げ油	適量
粉砂糖	適量
シナモン（粉末）	適量 ＊好みで増減する

1 小麦粉、上新粉、ベーキングパウダーをふるいにかける。

2 湯で溶いて冷ましておいたココナッツミルクに卵を入れ、かき混ぜ、1の粉を少しずつ加えながら、なめらかになるまでかき混ぜ、塩、砂糖を加え混ぜる。

3 バナナの皮をむいて縦半分に切り、さらに4つに切り、2の衣をつける。

4 170度くらいの油で、表面がきつね色になるカリッとするまで揚げる。

5 キッチンペーパーで油をよく切り、好みにより粉砂糖、シナモンをかける。

※グラ・メラを溶いたシロップや、チョコレートシロップなどをかけても美味しい。

※手に入れば調理用バナナを用いる。インドネシアではPisang Tanduk, Pisang Kepok, Pisang Rajaなどで。手に入らない場合はやや未熟なバナナを選ぶとよい。

デザート

■制作者プロフィール

榎本 直子（えのもと なおこ）

1953年新潟生まれ。インドネシア料理研究家。グラフィック・デザイナー。

1986年に初めての海外旅行先・バリ島にて、食事つきロスメンで出されたインドネシア料理に魅せられる。料理の作り方を習うために始めたインドネシア語を上級コースまで修了、現在も楽しく学び続けている。

1992年よりインドネシア料理の素晴らしさを日本に伝えるために料理教室「スレラ・クラブ」を主宰(http://www5.ocn.ne.jp/~selera/)。自宅で栽培しているハーブ・スパイス・野菜類を含め、本格的な材料でインドネシア料理を再現して好評を得ている。また、インドネシア各地を廻ってキッチン・食堂・パサールなどで情報収集、レパートリーを増やし続けている。

本書では数百ある手持ちのレシピの中から日本でも作りやすい50点を紹介。その他、本文執筆、イラストレーション、ページデザイン、写真撮影（一部）を担当している。

村上 百合（むらかみ ゆり）

1976年大阪生まれ。ライター。

上智大学外国語学部フランス語学科卒。旅行業・編集業を経てフリーライターに。『世界の車窓から＿あこがれの鉄道旅行〈VOL.2〉大自然を駆け抜ける』（テレビ朝日）、『地球の歩き方BOOKS　ママとキッズの英語体験 ハワイ＆オーストラリアプチ親子留学のすすめ』（ダイヤモンド社）などの執筆に携わる。英語・フランス語の翻訳歴も豊富。

大学でインドネシア語を上級まで学び、以降、インドネシアの文化と人々に魅了されてバリ島を中心に10回以上の渡航を重ねているインドネシアフリーク。気がつけば現地家庭に上がりこみ、イブたちの手料理をごちそうになっている図々しさである。

榎本直子とは「スレラ・クラブ」の取材を通じて知り合い、「日本であの味を再現している人がいた！」と涙が出るほど感激。本書では本文を榎本と共同執筆している他、写真撮影（一部）を担当している。

渡辺 直樹（わたなべ なおき）

1955年東京生まれ。フォトグラファー。

1990年よりジャワ島各地のサトウキビ製糖工場で働く蒸気機関車の撮影探訪を繰り返すうち、インドネシアにハマる。歌手のニケ・アルディラのCDからインドネシア語に没入、エルフィ・スカエシ、シーラ・マジッドなどのインタビュー撮影、マレーシア取材等多数。仕事の関係でジャカルタ下町の生活には特に明るい。近年は料理撮影を中心に活動中。

本書ではレシピ ②・③・⑧・⑫・⑬・⑭・⑱・⑳・㉖・㉙・㉚・㉜・㉝・㊱・㊳・㊴・㊵・㊶・㊷・㊸・㊻・㊼・㊾ の写真撮影を担当している。

[参考文献]

Kamus Lengkap Bumbu Indonesia, Odilia Winneke & Rinto Habsari, PT Gramedia Pustaka Utama.
Masakan Indonesia, Yasa Boga, PT Gramedia Pustaka Utama.
Masakan Serba Kue Indonesia, Karmaputra・Herni Soeseno, Pustaka Kartini.
Indonesian Regional Food and Cookery, Sri Owen, Frances Lincoln.
The Food of Indonesia, Heinz von Holzen & Lother Arsana, Edited by Wendy Hutton, Periplus.
Majalah Selera（料理雑誌／廃刊）
Majalah Trubus（園芸雑誌）
『食用植物図説』星川清親・千原光雄、女子栄養大学出版部
『東南アジア市場図鑑 植物篇』吉田よし子・菊池裕子、弘文堂

おいしいインドネシア料理
──家庭で作る本格レシピ50選

初版第1刷発行 2007年10月5日
　　第2刷発行 2012年6月1日
定価2500円＋税

著者	榎本直子、村上百合
デザイン・イラスト	榎本直子
撮影協力	渡辺直樹
調理協力	Selera Klub のみなさん
インドネシア語監修	アルベルトゥス・プラセティオ・ヘル・ヌグロホ
発行者	桑原晨
発行	株式会社めこん
	〒113-0033 東京都文京区本郷3-7-1
	電話：03-3815-1688　FAX：03-3815-1810
	ホームページ http://www.mekong-publishing.com
印刷・製本	モリモト印刷株式会社

ISBN978-4-8396-0210-9 C2077 ￥2500E
2077-0708210-8347

JPCA 日本出版著作権協会 http://www.e-jpca.com/
本書は日本出版著作権協会（JPCA）が委託管理する著作物です。
本書の無断複写などは著作権法上での例外を除き禁じられています。
複写（コピー）・複製、その他著作物の利用については事前に
日本出版著作権協会（電話：03-3812-9424／e-mail：info@e-jpca.com）の許諾を得てください。

やすらぎのタイ食卓——55品の親切レシピ
ラッカナー・パンウィチャイ　藤田渡　河野元子
定価1800円＋税

日本で手に入る食材で本物のタイ料理を。ケーン(カレー料理)、炒め物、和え物、煮物、蒸し物、焼き物、揚げ物、ご飯もの、ディップ、麺、デザートなど。工夫を重ねて完成させた本当の親切レシピです。

染織列島インドネシア
渡辺万知子
定価9000円＋税

バリ、ロンボク、ティモール、スンバ、スンバワ、ジャワ、フローレス、スラウェシ、マドゥラ…
それぞれの島の伝統豊かな素晴らしい布。文様の持つ深い意味と織り方・染め方を豊富な写真と共に紹介します。

インドネシアを齧る——知識の幅をひろげる試み
加納啓良
定価2000円＋税

インドネシアにちょっとうるさい読者に贈るとっておきのウンチクエッセイ。
「インドネシア」はいつできたのか、ジャカルタ・スラバヤなど地名の由来、
カンコン・ジンタンなど食べ物の話、ジャワ農村の話などなど。

インドネシアの紛争地を行く
小松邦康
定価2000円＋税

スハルト政権が崩壊し民主化がスタートしたはずのインドネシアなのに、各地で紛争が絶えず、
多くの人の血が流されました。マルク、パプア、アチェ、東ティモール、バリの報道されない事実と人々の声を伝えます。

バタオネのインドネシア語講座・初級
ドミニクス・バタオネ　近藤由美
定価2500円＋税　ＣＤ2000円＋税

最も学びやすいインドネシア語教科書として圧倒的人気。多くの大学や語学教室の教科書として使われています。
すぐ役立つ、練習問題がたっぷり、ボリュームがある、というのが特徴です。好評で17刷となりました。

インドネシア語で手紙を書く
ドミニクス・バタオネ　近藤由美
定価2800円＋税

手紙の形式・時候の挨拶・封筒の表書きなどの基本から、断食あけ・新年・近況報告・お祝い・お悔やみ・
お見舞い・招待・お礼・通知・依頼・紹介・推薦・お詫び・ラブレターまで、すべてＯＫです。

クタ・アルダナのバリ語会話
クタ・アルダナ　鈴木理伊
定価2000円＋税　ＣＤ定価2000円＋税

バリ語の最大の特徴は話し相手に応じて言葉を使い分ける点。「基礎編」では普通の表現をマスターし、
「発展編」では丁寧、尊敬、謙譲といった表現を学びます。オーソドックスなバリ語が身につく構成です。

プラムディヤ選集(全7巻)
プラムディヤ・アナンタ・トゥール
押川典昭訳

① ゲリラの家族　定価2500円＋税
② 人間の大地(上)　定価1800円＋税
③ 人間の大地(下)　定価1800円＋税
④ すべての民族の子(上)　定価1900円＋税
⑤ すべての民族の子(下)　定価1900円＋税
⑥ 足跡　定価4200円＋税
⑦ ガラスの家　定価3500円＋税